한국인의
금융 엑시트

한국인의
금융 엑시트

최익진 지음

| 프롤로그 (들어가며) |

"평생 배당 받으면서 마르지 않는 우물형 자산을 만들고 싶다면?"

어린 시절, 아버지는 저축의 중요성을 강조하며 항상 "돈을 모으려면 은행에 맡겨야 한다"라고 말씀하셨다. 그래서 나 역시 예·적금이 가장 안전한 최적의 저축 수단이라 믿고 자라왔다.

하지만 결혼 후, 현실은 달랐다. 자녀 교육비와 노후 준비, 그리고 가족을 위한 다양한 경제적 계획들이 하나둘씩 다가오면서, 예·적금의 수익률만으로는 그 모든 것을 감당하기 어렵다는 것을 실감했다.
오히려 시간이 지날수록 물가상승률에 밀려 원금의 가치가 줄어드는 느낌이었다.

그때부터 재테크로 성공한 사람들을 찾아가 조언을 구하고, 다양한 투자 방법을 탐색하기 시작했다. 주식, 코인 등의 투자 이야기는 매력적이었지만, 이면에는 높은 리스크가 도사리고 있었다. 주변에서 큰 손해를 본 사례를 보며, 이러한 길이 나와 맞지 않는다는 것을 깨달았다.

내가 찾고 있던 것은 나 같은 일반인들이 쉽게 접근할 수 있는 투자였다. 안전하면서도 물가상승률을 상회하는 수익을 기대할 수 있어야 했고, 투자 지식이 부족하더라도 자산이 알아서 불어나는 금융상품이 필요했다. 하지만 국내에서는 그런 금융상품을 찾기 어려웠다. 포기하려던 순간, 우연히 참석한 세미나에서 새로운 금융시장을 알게 되었고 이는 나에게 새로운 가능성을 열어주었다. 바로 이 책에서 다룰 내용들이다.

이 책은 복잡한 투자 공부 없이도, 바쁜 직장인과 자영업자, 주부, 사업가 등 누구든지 안전하게 자산을 불리고 미래를 준비할 수 있는 실질적인 솔루션을 제시한다. 국내에서는 찾을 수 없는 금융상품에 가입하는 방법과 그 과정에서 알아야 할 기본적인 절차, 그리고 유의 사항 등을 안내할 것이다. 또한 금융 선진국의 금융상품이 어떻게 작동하는지, 그리고 이를 통해 안정적인 배당 수익을 평생 받을 수 있는 '마르지 않는 우물형 자산'을 만들어내는 전략을 구체적으로 설명할 것이다. 이 책을 통해 당신의 자산이 안전하게 불어나서 원하는 경제적 미래를 차근차근 실현해 나가길 응원한다.

목차

프롤로그

"평생 배당받으면서 마르지 않는 우물형 자산을 만들고 싶다면?" 4

Chapter 1. 투자의 필요성과 국내 시장의 한계

1. 금융시장에서의 첫걸음

보험업을 시작하다 15

개척영업에 도전하다 17

금융업에 올인하게 된 이유 19

보험설계사로서 롱런하기 위해 내가 한 일 21

온라인영업으로 전환하다 23

결혼과 미래 계획, 그리고 저축과 자산 관리에 대한 고민 24

2. 국내 금융상품의 한계

예·적금과 보험의 한계 26

주식과 코인에 대한 불안감 28

국내 금융상품에 대한 회의감 29

Chapter 2. 새로운 금융의 가능성을 향해

3. 글로벌 금융시장을 발견하다

Public 시장과 Private 시장의 차이   33

인생을 바꾸게 해준 저축 세미나   34

금융 선진국의 금융상품에 눈을 뜨다   36

4. 왜 몰랐을까?

글로벌 금융시장의 진실   38

역외보험과 홍콩보험   39

5. 검증과 분석

가입은 불법일까 합법일까?   41

유배당보험 vs 무배당보험   43

100년 넘게 지속되고 있는 미국 Mutual 보험사의 배당   44

노벨상 기금 운용과 유배당보험의 공통점   46

역사 속으로 사라진 한국의 유베당보험   50

한국은 원래 유배당보험이 기본이었다   51

유배당보험이 사라진 한국   52

Chapter 3. 홍콩의 금융 환경과 금융 시스템

6-1. 홍콩의 금융 환경

영국의 금융 환경과 금융 시스템	61
아시아 금융의 허브 홍콩	63
상속세, 증여세가 없는 나라	64
낮은 법인세와 고정 환율제도(달러 페그제)	65
170개가 넘는 은행과 160여 개의 보험사	67
재테크가 어려운 홍콩의 부동산	68

6-2. 홍콩의 금융 시스템

홍콩 역외보험, 소비자 보호는 불가능할까?	71
분할 감독 시스템	72
홍콩 보험감독국(IA)과 소비자 보호 시스템(Levy)	74
장기보험 인수 지침(GN16, Guidance Note 16)	77
한국의 예금자 보호 VS 지급이행률 공시제도	78
스무딩 기법과 안정적인 배당 구조	81
제판 분리 구조와 IFA 판매 모델	83
홍콩 금융의 단점과 위험성	84

Chapter 4. 글로벌 금융상품의 매력과 선택 기준

7. 우리나라에는 없는 글로벌 금융상품의 독특한 기능

7-1. 선이자(배당)를 주는 월 적립식 펀드 · · · · · 93
청년재직자 내일채움공제와 청년도약계좌 · · · · · 95
글로벌 자산운용사에 내 돈을 맡겨야 하는 이유 · · · · · 96
하락장을 방어할 수 있는 펀드 · · · · · 98
내 돈은 가장 안전한 곳에 보관되어 있다 · · · · · 99
회사는 믿을만할까? · · · · · 100
투자 공부가 가능하다 · · · · · 100
가입 전 주의사항 · · · · · 101

7-2. 140%를 최저보증 해주는 달러 저축
베스트 국제 저축상품으로 5번 선정된 독보적인 플랜 · · · · · 105
원금보장형 달러 투자 · · · · · 106
어떻게 이런 상품이 가능할까? · · · · · 107
실제 이 상품의 성과는 어떨까? · · · · · 108
가입 전 주의사항 · · · · · 108

7-3. 보호기능(스텝 업)이 있는 월 적립식 펀드
원금과 수익의 80%를 보증(Lock In)해주는 투자자 보호 포트폴리오 · · · · · 110
80% 보증(Lock In) 기능의 비밀 · · · · · 113

펀드 수익률은 어떨까? 114

신용등급과 수탁은행 116

가입 전 주의사항 116

7-4. 무제한 진단비를 주는 유배당 보장성보험

진짜 보험은 이런 걸 보고 말하는 것이다 120

가입 전 주의사항 122

7-5. 유배당 달러 저축보험

황금알을 낳는 거위를 만드는 시스템 (수익 안정화) 125

복리의 마법, 72의 법칙 126

피보험자 무제한 교체로 상속 및 증여도 가능하다 127

금융부동산 플랜 128

가입 전 주의사항 131

8. 글로벌 금융회사 잘 고르는 5가지 기준

역사(History) 134

운용자산 136

브랜드가치 137

지급이행률 139

신용등급 139

Chapter 5. 실전 사례와 미래 전망

9. 글로벌 금융시장에 대해 많이 하는 질문 BEST 9

가입 시 필요서류 및 절차는?	149
가입 이후 A/S 문제가 걱정된다	150
영어를 못하는데 가입해도 괜찮을까?	150
글로벌 보험사가 한국에도 있다면 국내에서 가입할 수 있지 않을까?	151
홍콩에서 판매하는 역외보험, 중국 리스크는 없나?	152
홍콩 ELS 손실 사례처럼 홍콩 역외보험도 위험한가?	153
해외라 불안한데 믿고 가입해도 될까?	154
말도 안 되는 수익률인데 믿어도 될까?	155
연 복리 6~7%의 배당은 확정인가?	156

10. 글로벌 금융상품의 실전 활용

투자를 통해 변화된 저자의 자산과 마인드	158
실제 투자자들의 경험과 조언(인터뷰)	160

11. 금융의 미래를 바라보며

글로벌 금융사 컨벤션에서 배운 것	173

에필로그(마무리하며)

곳간형 자산을 우물형 자산으로	176

1

투자의 필요성과
국내 시장의 한계

1. 금융시장에서의 첫걸음

보험업을 시작하다

필자는 중학생 때부터 노래가 좋아 음악에 대한 꿈을 품었다. 그러나 부모님의 강경한 반대로 수도권 4년제 영어영문학과에 입학하게 되었고, 대학교에 다니면서도 음악에 대한 열정이 너무 뜨거워 포기할 수 없었다. 결국 다니던 학교를 그만두고 입시 준비를 다시 했고 실용음악과 보컬 전공으로 재입학했다.

입시 준비부터 졸업까지 부모님의 지원 없이 혼자서 아르바이트를 하며 돈을 벌고, 그 돈으로 레슨을 받고 학교에서도 학비를 충당했다. 그러다 보니 남들이 연습에 매진할 시간에 돈을 벌어야 했고, 경쟁하기가 쉽지 않았다. 하지만 그만큼 열정이 있었고 음악에 대한 꿈이 있었기에 내 나름대로 최선을 다했다.

그러나 현실은 냉정했다. 어느덧 20대 후반이 되어 졸업을 앞두고 나 자신에 대해 객관적으로 돌아보는 시간을 가지게 되었다. "나는 과연 노래와 음악으로 남들보다 경쟁력이 있을까? 졸업 후 내가 음악으로 할 수 있는 일이 무엇일까?" 생각해보니 실용음악학원 강사로 취직해 학생들과 성인들을 가르치며 돈을 벌고, 간간이 음반을 제작하고 앨범을 내는 것 외에는 딱히 길이 보이지 않았다.

게다가 그런 나를 바라보는 부모님을 생각하지 않을 수 없었다. 부모님은 내가 안정적인 미래를 꾸리길 바라셨다. 한 번은 아버지가 "음악도 좋지만 음악은 취미로도 할 수 있지 않니? 이게 네 미래를 보장해줄 수 있을까?"라고 말씀하신 적이 있다. 그 말에 필자는 아무 대답도 할 수 없었다. 부모님은 음악이 돈이 안 된다는 걸 아셨기에 내가 안정적인 삶을 꾸릴 수 있을지 걱정하셨다. 그들의 걱정을 무시하고 내가 하고 싶은 음악을 계속할 것인지, 아니면 다른 길을 모색해야 할 것인지 현실적인 고민을 하게 되었다.

그러던 와중에 우연히 군 시절 선임이었던 동생을 전역 후 만나게 되었는데, 그는 과거에 내가 알던 모습과는 완전히 달라져 있었다. 잘 차려입고 자신감 넘치는 모습, 외제 차와 고급시계까지, 그 모든 것들이 마치 내가 몰랐던 다른 세상을 엿보게 하는 것 같았다. 그에게서 이전에는 느껴보지 못했던 여유와 확신을 보았고, 그것은 내게 강한 인상을 주었다. 자연스레 그의 직업 이야기를 듣게 되었다. 그는 1년 만에 보험설계사 팀장이 되었고 지인을 대상으로 하는 지인 영업이 아닌, 전혀 모르는 사람들을 대상으로 개척영업을 하고 있었다. 그 이야기는 나에게 큰 충격으로 다가왔다. 내가 아는 '보험'은 한동안 연락 없던 지인이 보험설계사 일을 갓 시작한 후 밥 한 번 먹자고 찾아와 "나 보험 하나만 가입해줘"라며 부탁하는, 굉장히 부담스러운 이미지에 불과했기 때문이다. 특히나 필자는 기질상 절대로 지인들에게 그런 말을 할 수도 없고, 적극적으로 나서는 성격도 아니었다. 모르는 사람을 대상으로 하는 개척 영업만으로도 성공할 수 있다니, 이것은 내게 매우 매력적으로 다가왔다.

그날 밤 집으로 돌아와 필자는 처음으로 내 미래에 대해 심각하게 고민하기 시작했다. 음악을 포기하지 않고도 경제적인 안정을 이룰 수 있는 방법이 있다면 얼마나 좋을까? 보험 영업은 그 답을 줄 수 있을 것 같았다. 그렇게 20대 후반, 대학교 마지막 학기를 다니며 보험 영업에 도전하기로 결심했다.

개척영업에 도전하다

내가 도전한 개척시장은 바로 법인 택시회사였다. 주야간 교대 시간에 맞춰 택시회사를 찾아가 영업용 운전자보험을 권유했다. 택시기사들은 매일 장시간 운전을 하고 도로 위 위험에 노출되기 때문에, 운전자보험이 필수적이라는 점을 강조할 수 있었다. 처음엔 자신감 넘치게 시작했지만, 현실은 달랐다. 기사님들과의 대화는 생각보다 어려웠고, 그들의 경계심을 풀기란 쉽지 않았다. 더군다나 당시 그 택시회사에 주기적으로 찾아오는 베테랑 보험설계사 여사님이 계셨는데 나보다 오히려 더 친근하고 말도 잘하셨다. 그러다 보니 위축이 돼서 적극적으로 다가가서 설득하는 것이 쉽지 않았고 결국 좋은 실적을 내지 못했다. 주변 동료들의 수월한 영업 성과와 비교되면서, 멘탈이 무너지기 시작했다.

그러나 포기할 수는 없었다. 여기서 무너질 거였으면 시작조차 안 했다. 그래서 나만의 전략을 세웠다. 매일 정해진 시간에 꾸준히 찾아가는 단순한 전략이었다. 내가 항상 같은 시간에 찾아오고 있다는 것을 기사님들이 알게 되면서, 조금씩 경계심이 풀리는 것을 느낄 수 있었다. 이 시기에 내

가 세운 전략이 하나 더 있는데 바로 주말과 새벽 교대 시간에도 찾아가는 방법이었다. 2년 동안 일주일에 한 번은 무조건 새벽 교대 시간(새벽 3~6시)에 택시회사를 방문했다. 어떤 때는 주말에도 찾아갔다. 주말에는 뭔가 여유로운 느낌이어서 영업 생각은 내려놓고 기사님들과 친해지려고 대화를 많이 나누었고, 새벽에는 낮과는 다르게 감성적으로 나를 어필하기에 딱 좋은 분위기였다. 새벽에 갈 때는 기본적으로 항상 간식을 들고 찾아가 기사님들에게 드리면서 인사를 드렸다. 추운 겨울에는 토스트 기계와 식빵, 꿀 호떡을 가져가 직접 따뜻하게 구워 드리기도 했다. 그때 정말 반응이 좋았고 기사님들에게 부지런하다는 칭찬을 받았다. 필자는 그들과 사소한 대화를 나누며 신뢰를 쌓기 위해 노력했다. 기사님들의 일상적인 이야기나 운전 중 겪는 어려움 등을 경청하면서, 그들이 나를 단순한 영업사원이 아닌 진심으로 도움을 주려는 사람으로 느낄 수 있도록 했다.

그 결과, 점차 나의 진정성이 통하기 시작했고 조금씩 성과를 거두었다. 한 명의 기사님이 보험에 가입하면서 그분의 소개로 또 다른 기사님을 만나게 되었고, 입소문이 퍼지며 고객 수가 증가하기 시작했다. 3년 동안 꾸준히 개척 영업을 이어가면서, 총 200명의 택시기사 고객을 확보했다. 그 노력이 결실을 얻게 된 것이다. 이렇게 쌓아 올린 고객들과의 신뢰는 이후 나의 커리어에 큰 자산이 되었다.

금융업에 올인하게 된 이유

처음에는 음악 활동을 병행하기 위한 경제적 수단으로 금융업을 시작했지만, 고객들이 나를 믿고 보험상품에 가입했다는 사실이 너무나도 감사했다. 보험금을 지급받아야 할 상황이 발생했을 때, 고객이 문제없이 보상을 받을 수 있도록 도움을 드리면서 큰 책임감을 느끼게 되었다. 그때였던 것 같다. 필자는 이 일이 단순 영업이 아니라 사람들의 안전과 삶을 지키는 일이라는 것을 깨달았다. 여러 경험이 있었지만, 그 깨달음을 강하게 느낀 사례를 이야기해 보려고 한다.

택시기사님들 중 한 기사님은 보험을 워낙 싫어하셔서 운전자 보험조차 가입하지 않으려 하셨다. 그러나 몇 번의 설득 끝에 운전자보험과 건강보험 가입을 도와드렸다. 그러던 어느 날, 그 기사님이 야간 운행 중 후미추돌사고를 당해 목 부위를 다치셨고 신경에 문제가 생겨 머리 빼고 전신마비를 겪게 되는 비극적인 일이 발생했다. 그 사고로 인해 기사님은 더 이상 택시 일을 할 수 없게 되었고 재활치료에 전념해야 하는 상황에 놓였다.

소식을 듣자마자 곧바로 기사님을 찾아뵈었고, 배우자님과도 만나 이야기를 나누었다. 배우자님께서는 남편이 보험에 가입해 둔 덕분에 약 3천만 원의 보험금을 받을 수 있게 되었다는 소식에 깊이 안도 하셨다. 보험금은 약 일주일 뒤 지급되었고, 그 덕분에 치료비를 마련할 수 있었다. 배우자님의 "남편이 보험을 싫어하던 사람인데, 설계사님 덕분에 정말 큰 도움이 되었습니다. 고맙습니다."라는 말은 아직도 가슴 깊은 곳에 남아 있다.

이 사건을 계기로, 필자는 보험이 단순한 경제 활동을 넘어 고객들의 삶을 지켜주는 방패 역할을 한다는 사실을 실감했다. 마음가짐이 바뀌자 자신감도 생겼다. 이후로는 보험이 언젠가 고객의 경제적 리스크를 보호해 줄 것이라는 확신을 가지고 권유하게 되었다.

또한 전문성을 더 많이 갖추기 위해 보험이 아닌 연금, 투자 분야에 대해서도 공부를 시작했고 강의를 들으며 투자권유대행인, 퇴직연금모집인, 은퇴설계전문가, 연금상담전문가 등의 자격증을 취득, 최근에는 경제 심리코칭 상담사(CFT) 자격 과정까지 수료하게 되었다.

이러한 과정을 거치면서 자연스럽게 음악보다는 금융업에 집중하게 되었고 결과적으로 음악을 내려놓고 금융업에 온전히 몰두하게 되었다. 그렇게 커리어가 발전해 나가며 고객들로부터 인정받기 시작했고, 이 일에 대한 진정한 의미와 재미를 느끼게 되었다.

보험설계사로서 롱런하기 위해 내가 한 일

초반에는 주변 사람들의 반응이 좋지 않았다. 음악을 하던 내가 보험을 시작하니, 사람들은 "얼마나 하다 그만둘 거냐?"며 의심했다. 아마 기가 찼을 거다. 누가 봐도 나와 영업은 어울리지 않은 옷이었다. 그러나 이런 이야기를 들을 때마다 오히려 롱런 해야겠다는 결심이 확고해졌다. 일부 보험설계사가 고객의 이익이 아닌 자신의 이익을 위해 잘못된 보험을 가입시키는 경우가 있지만, 그것이 보험 자체의 문제는 아니었다. 보험은 사람들이 인생 전반에 걸쳐 필요로 하는 중요한 무형의 금융상품이었다. 필자는 그 본질을 믿었고 흔들리지 않고 나아가기로 마음먹었다.

보험설계사로서 장기적으로 자리를 잡기 위해 가장 필요한 것은 고객의 신뢰였다. 그래서 단순히 보험상품을 판매하는 것에 그치지 않고, 고객들과 진정한 관계를 형성하고자 했다. 고객들에게 보험상품을 설명하기보다는 그들의 재정 상태와 미래 계획을 충분히 이해한 후, 맞춤형 상담과 설계를 제공하려 했다. 하지만 아쉽게도 이런 나의 마음을 지인들과 주변 사람들이 쉽게 알아줄 리 없었고, 제대로 인정받기에는 시간이 걸리는 일이었다.

그래서 이 일을 시작한 지 얼마 되지 않았을 때 주변 사람들의 비아냥거림에 반항이라도 하듯 당시 1,800만 원이었던 준중형 승용차를 60개월 할부로 구매했다. 그리고 SNS에 "이 차를 다 갚기 전에는 절대 그만두지 않겠다"는 다짐을 올렸다.

그 다짐은 단순한 결심을 넘어 나에게 책임감을 부여해 주었다. 때로는 주변의 시선이 부담스럽기도 했지만, 차를 다 갚기 전까지 그만두지 않겠다는 다짐은 실적이 없어 포기하고 싶을 때마다 나를 다시 일어서게 해주었다. 그 결과 올해로 금융업 10년 차가 되었고, 그 차도 9년 넘게 나와 함께하고 있다.

온라인영업으로 전환하다

3년 동안 개척 영업에 집중한 끝에 고객도 점차 늘어나면서 소득이 꾸준히 증가했다. 동시에 유료 강의를 들으며 금융 지식을 쌓고, SNS를 통해 꾸준히 활동한 덕분인지 지인들로부터도 보험 가입 문의가 많이 들어오기 시작했다. 이런 변화가 뿌듯했지만, 시간이 흐를수록 체력적인 한계를 느꼈다. '40대, 50대가 돼서도 계속 택시회사를 찾아가 개척 영업을 지속할 수 있을까?'라는 질문이 머릿속을 떠나지 않았다. 결국, 개척 영업 대신 보다 지속 가능하고 효율적인 영업 방식이 필요하다고 판단했다.

마침 그 무렵에는 온라인을 통한 금융상품 탐색이 보편화되고 있었다. 점점 많은 소비자들이 온라인에서 여러 상품을 비교하고 조건이 좋은 상품을 직접 찾아 가입하는 경우가 많았다. 이 흐름을 보며, 필자는 한 개 회사의 상품만 취급하는 전속 조직에서 벗어나 30여개 생명·손해보험사를 모두 취급하며 온라인영업을 전문으로 하는 보험대리점으로 이직하게 되었다.

온라인영업은 유튜브, 블로그, 카페 등 다양한 플랫폼에 콘텐츠를 올려 고객들이 스스로 찾아오도록 유도하는 방식이다. 필자는 유튜브와 블로그를 통해 보험 기초 지식을 제공하고, 추천 상품들을 소개했다. 또한, 카페에서는 고객들이 질문을 올리면 직접 답변하며 소통을 이어갔다. 이런 콘텐츠를 통해 고객들이 나를 자연스럽게 접하고 신뢰를 쌓을 수 있도록 하는 것이 목표였다.

초기에는 온라인에서 신뢰를 구축하는 일이 쉽지 않았다. 대면 영업처럼 즉각적인 소통이 어려웠기 때문이다. 하지만 진솔한 글과 유익한 정보를 꾸준히 제공하면서 점차 구독자와 팔로워들이 관심을 보이기 시작했다. 이렇게 신뢰를 쌓아가며 나의 활동은 온라인에서도 점점 활발해졌다.

온라인영업의 가장 큰 장점은 시간과 장소에 구애받지 않고 다양한 고객과 연결될 수 있다는 점이다. 콘텐츠를 만들면 반드시 문의가 들어오고, 그에 따른 결과가 나온다는 점이 매력적이었다. 내가 올린 콘텐츠는 시간이 지나도 그대로 남아 있어 나를 모르는 사람들에게도 지속적으로 정보와 서비스를 전달할 수 있었다. 이로 인해 온라인영업을 통해 더 많은 고객에게 다가갈 수 있는 가능성이 열렸다.

결혼과 미래 계획, 그리고 저축과 자산 관리에 대한 고민

개척 영업에서 온라인영업으로 전환하던 시기에 필자는 인생의 또 다른 큰 전환점을 맞이하게 되었다. 바로 결혼이었다. 보험대리점으로 이직한 시점과 결혼 시기가 맞물리면서, 나의 삶과 사고방식이 크게 변하기 시작했다.

결혼 전에는 오로지 나 자신만을 책임지면 됐다. 음악을 하던 시절이나 보험 영업을 시작했을 때도, 나의 생활과 커리어에 대한 고민은 있었지만 어디까지나 내가 혼자 감당하면 되는 문제였다. 그러나 결혼은 나에게 새로운 책임감을 심어주었다. 이제는 나만의 미래가 아닌, 아내와 함께 만들어갈 미래를 설계해야 했고, 가까운 시일 내에 자녀 계획도 세우면서 경제적 안정과 장기적인 준비가 필수적인 과제로 다가왔다.

결혼 후 가장 크게 다가온 문제는 자금이었다. 신혼집을 마련하기 위해 많은 돈을 대출받았고, 대출이자와 아파트 관리비, 그리고 신혼생활을 유지하기 위한 비용까지 책임져야 했다. 예상치 못한 생활비와 유지비 부담이 더해지면서, 경제적인 압박은 한층 더 현실적인 부담으로 다가왔다. 장기적으로 자녀가 태어났을 때 필요한 교육비와 생활비까지 감안하면, 재정적인 준비가 더 필요함을 절감했다. 특히 자녀 교육비 문제는 내가 어린 시절 겪었던 경제적 부담을 떠올리게 했고 이제는 부모로서 안정적인 기반을 마련해 주어야 한다는 책임감을 느끼게 했다.

이러한 상황 속에서 나의 고민은 저축과 자산 관리로 이어졌다. 그러나 당시 나의 금융 지식은 보험 영업을 통해 얻은 기본적인 수준에 머물러 있었다. 장기적인 재테크에 대해 막연한 불안감이 있었고, 결혼이란 단순히 함께 살아가는 것 이상의 미래 계획과 재정적 준비가 요구된다는 사실을 절실히 느꼈다. 필자는 어떻게 하면 안전하게 자산을 불리고, 장기적으로 가족의 미래를 대비할 수 있을지에 대해 고민하기 시작했다.

그때부터 금융 관련 서적을 읽기 시작했고, 온라인 강의도 들으며 기초적인 재테크 지식을 쌓기 시작했다. 그러면서 다양한 금융상품을 탐색하게 되었다. 내 상황에 맞는 상품 중, 안전하면서도 수익성이 좋은 것은 무엇일까? 본격적으로 나에게 적합한 금융상품을 찾아 나가기 시작했다. 그렇게 나와 내 가족을 위한 현실적인 플랜을 마련하면서, 내게 적합한 저축과 투자 방법을 찾기 위한 과정이 본격적으로 시작되었다.

2. 국내 금융상품의 한계

예·적금과 보험의 한계

필자는 어릴 때부터 은행 예·적금이 가장 안전한 저축 수단이라고 배웠다. 1980~90년대만 해도 우리 부모님 세대에게 은행은 안정적이면서도 높은 수익률을 보장하는 저축 수단으로 여겨졌다. 당시에는 금리가 지금과는 비교할 수 없을 만큼 높았기 때문에, 은행에만 돈을 저축해도 충분히 만족스러운 수익을 얻을 수 있었다. 아버지는 늘 "돈을 벌면 은행에 저축해라"라고 말씀하셨고, 그 영향으로 필자는 자연스럽게 은행이 가장 확실한 저축 방법이라고 생각하게 되었다.

그러나 현재의 은행 예·적금 상품들을 살펴보니, 그때와는 상황이 달라져 있었다. 안정적이기는 했지만, 수익률이 지나치게 낮았다. 팬데믹 이전 시기였던 당시 금리는 지금보다도 더 낮았다. 예·적금을 통해 돈이 불어나기보다는 물가상승률에 밀려 오히려 실질적인 손해를 보는 느낌이었다. "은행에 돈을 맡기는 게 정말 옳은 선택일까?"라는 의문이 들기 시작했고, 더 나은 방법을 찾아야겠다는 생각이 들었다.

그다음으로 떠오른 것이 보험상품이었다. 보험업에 종사하고 있었기에 국내 손해보험사와 생명보험사가 제공하는 저축보험과 연금 상품을 우선적으로 검토해 보았다. 처음에는 기대가 컸다. 저축보험이야말로 내가 찾던 안정적인 투자일 거라고 생각했기 때문이다. 그러나 현실은 달랐다. 설계사들조차 저축성 보험을 적극적으로 추천하지 않는다는 사실을 알게 되었다. 저축보험 대신 종신보험에 가입하고 이를 저축처럼 활용하는 방식이 대부분이었다. 종신보험은 원래 사망 시 유족에게 사망보험금을 지급하는 상품인데, 이를 장기적인 저축 수단으로 사용하는 것은 나로서도 쉽게 납득할 수 없었다.

이런 현상이 왜 생긴 걸까? 이유는 분명했다. 저축보험과 연금보험은 고객에게 많은 돈을 돌려줘야 하는 상품이다 보니, 보험사 입장에서는 이익이 적었다. 수익을 추구하는 보험사들은 이러한 상품을 적극적으로 개발할 이유가 없었다. 저축보험은 안정적이었지만, 그만큼 수익성은 낮았다. 그래서 보험사들은 자연스럽게 보장성 보험에 더 집중하게 되었고, 저축성 상품에 대한 개발은 우선순위에서 밀려 있었다.

설계사 입장도 비슷했다. 저축보험과 연금보험은 설계사들이 받는 수당이 적었기 때문에, 보장성 보험을 선호하는 경향이 강했다. 설계사 입장에서는 수익성이 낮은 저축성 보험을 추천할 필요가 없었던 것이다.

이렇게 저축보험과 연금보험이 기대에 못 미치는 현실을 보면서, 나에게 맞는 대안을 찾아야겠다는 결심을 하게 되었다. 안정성과 수익성을 동시에 갖춘 금융상품이 존재하는지 자세히 알아보기로 했다.

주식과 코인에 대한 불안감

결국, 필자는 은행도 보험도 내가 만족할 만한 안전한 저축 수단이 되지 못한다는 결론에 이르렀다. 그 무렵부터 재테크로 성공한 사람들을 찾아가 조언을 구하기 시작했다. 많은 이들이 주식, 코인을 통해 단기간에 큰돈을 벌었다는 이야기를 들려주었다. 인터넷에서도 그러한 성공 사례는 쉽게 접할 수 있었다. 주식과 코인은 마치 빠른 성공의 지름길처럼 보였다. 빠르게 부를 축적할 수 있다는 이야기를 들으니 관심을 가지지 않을 수 없었다.

하지만 자세히 알아볼수록 그 이면에는 수많은 실패와 높은 리스크가 도사리고 있다는 것을 깨달았다. '하이 리스크, 하이 리턴'이라는 말이 있듯이, 주식과 코인은 분명 큰 수익을 낼 수 있는 기회를 제공했지만, 동시에 큰 손실을 볼 위험 또한 존재했다. 투자 원칙을 철저히 지키고 꾸준한 공부를 해온 극소수의 사람들만이 운 좋게 성공을 거두었고, 많은 사람들은 실패의 쓴맛을 보고 있었다.

특히 내 절친한 친구 중 한 명은 선물 투자를 통해 2주 만에 5천만 원을 잃은 경험이 있었다. 그동안 열심히 모아온 돈을 한순간에 잃은 친구의 고통을 가까이서 지켜보니, 필자 역시 그 상황이 두렵게 느껴졌다. 다행히 신용회복위원회의 도움을 받아 조금씩 갚아 나가고 있었지만, 그의 경험은 나에게 고위험 투자의 위험성을 뼈저리게 느끼게 해주었다.

필자는 주식과 코인이 맞지 않는다는 확신이 들었다. 안정적인 미래를 준비하고 싶었기에, 리스크가 큰 투자는 내 성향과 맞지 않았다. 더 나은 대안을 찾아 나만의 길을 모색하기로 결심했다.

국내 금융상품에 대한 회의감

주식과 코인의 경우 결혼 전이었다면 한 번쯤 도전해볼 수도 있었겠지만, 이제는 상황이 달랐다. 필자는 아내와 자녀를 책임져야 하는 가장이었다. 혼자라면 감수할 수 있었던 위험도 이제는 쉽게 선택할 수 없었다. 만약 잘못된 선택으로 큰돈을 잃는다면, 그 여파는 필자 혼자만이 아니라 가족 전체의 안정에 영향을 미칠 것이었다. 그 부담감 때문에 무모한 투자를 선택하기가 어려웠다.

이런 상황에서 문득 "안전하면서도 수익성도 좋은 금융상품이 과연 있을까?"라는 생각이 들었다. 필자가 원하는 것은 안정성과 수익성을 동시에 충족해 줄 수 있는 상품이었지만, 국내 금융시장에서는 그런 상품을 찾기란 쉽지 않았다. 은행 예·적금은 안전했지만 실질적인 수익을 기대하기에는 부족했고, 주식과 코인은 수익성은 높지만 그만큼 위험 부담이 컸다.

필자는 다양한 금융상품을 둘러봤지만, 어디에서도 기대를 충족시킬 대안을 찾지 못했다. 국내의 금융상품들은 대부분 안전과 수익성 중 하나만을 강조하는 경우가 많았다. 은행은 안전하지만 수익이 적고 주식과 코인은 수익이 높지만 안전하지 않았다. 이 두 가지 사이의 적절한 균형을 찾는 것이 나의 새로운 과제가 되었다.

2

새로운 금융의
가능성을 향해

3. 글로벌 금융시장을 발견하다

Public 시장과 Private 시장의 차이

필자가 원하는 금융상품을 찾으면서 정보 접근성이 중요하다는 것을 절실히 느꼈다. 금융시장은 크게 두 가지 유형으로 나눌 수 있는데, 하나는 누구나 접근할 수 있는 Public 시장이고, 다른 하나는 제한된 소수에게만 공개되는 Private 시장이다.

Public 시장은 쉽게 말해 누구나 인터넷을 통해 찾아볼 수 있는 시장이다. 예를 들어, 헬스장 정보를 찾는다고 해보자. 동네 헬스장 정보는 검색만 하면 누구나 알 수 있다. 금융에서도 공모펀드가 이에 해당한다. 불특정 다수에게 공개된 대중적인 금융상품으로, 정보가 투명하게 제공된다. 쉽게 접근할 수 있는 만큼 안전성이 높지만, 그만큼 수익률은 제한적이다. Public 시장의 상품들은 안정적이나, 특별히 차별화된 기회를 찾기에는 한계가 있다.

반면, Private 시장은 다르다. 이 시장은 소수의 사람들에게만 접근이 허용되고, 그들에게만 중요한 정보들이 공개된다. 마치 1:1 PT의 가격과 수준이 트레이너의 경험과 전문성에 따라 천차만별이듯, Private 시장에서도 접근 가능한 정보나 기회가 특정 서클에 한정된다. 금융에서는 사모펀드가 이에 해당하는데 50인 미만의 투자자들만 참여할 수 있다. 사모펀드는 공공에 공개되지 않은 정보로 운영되어 더 높은 수익을 기대할 수 있지만, 일반 투자자들에게는 접근이 어려운 구조이다.

이러한 차이를 깨달으며 안정성과 수익성을 모두 충족하는 금융상품을 찾기 위해서는 단순히 공개된 정보에만 의존할 수 없고, 차별화된 정보를 찾아야 한다는 사실을 알게 되었다. Public 시장의 상품들은 안정적일지 몰라도 수익성이 제한적이었고, 필자가 찾는 금융상품은 Private 시장에 있을 가능성이 컸다. 나중에 알게 된 것이지만 글로벌 금융시장을 접하게 되면서 그토록 찾던 것이 Private 시장의 성격을 가지고 있다는 것을 알게 되었다. 글로벌 금융상품이 사실 누구나 가입할 수 있지만, 국내 환경에서는 여러 가지 요인들로 인해 그 접근 방식이 제한적이고 차별화된 기회로 남아 있다는 사실을 깨달은 것이다.

인생을 바꾸게 해준 저축 세미나

정보의 한계에 부딪혀 더 이상 원하는 금융상품을 찾지 못하고 좌절 상태에 빠져 있었다. 그러던 중 우연히 오프라인 저축 세미나에 참석하게 되었다. 필자는 그저 또 하나의 실망스러운 경험이 될 것이라 예상했다. 기존에 알고 있는 정보들을 재확인하는 자리 정도로만 생각했던 것이다. 그러나 그것은 큰 오산이었다. 세미나에서 필자는 전혀 새로운 금융시장, 바로 글로벌 금융시장에 대해 알게 되었다.

그동안 필자는 국내 금융시장에서만 답을 찾으려 했고, 글로벌 시장을 고려조차 하지 않았다. '한국이 아닌 외국의 금융상품을 한국인이 가입할 수 있다니, 정말 가능한 일일까?' 무의식적으로 그런 생각이 자리 잡고 있었다. 하지만 곰곰이 생각해보면, 우리는 이미 인터넷을 통해 외국의 영양제, 전자기기, 식품 등을 구매하고 있지 않은가. 금융상품 역시 유형의 상품과 다를 바 없다는 생각이 들었다. 그동안 필자는 너무 좁은 틀에 갇혀 국내 시장에만 매달렸던 것이었다. 이 사실을 깨닫고 나니 세미나에서 듣게 된 정보들이 더 신선하게 다가왔고, 더욱 집중하게 되었다.

이 새로운 시장은 그동안 찾고 있던 안정성과 수익성을 동시에 기대할 수 있는 곳이었다. 뒤에서 더 자세히 설명하겠지만, 쉽게 접근할 수 없었던 분명한 이유가 있었다. 더욱 충격적이었던 사실은, 의사나 사업가 등 소위 '강남 부자'라고 불리는 사람들 사이에서는 이미 이 시장을 잘 알고 그 혜택을 누리고 있었다는 점이었다.

사막에서 오아시스를 발견한 듯한 기분이었다. 하지만 동시에, 너무 쉽게 이런 정보를 얻게 되었다는 점이 의아하고 당혹스럽기도 했다. 그동안 아무도 알려주지 않았던 시장이 이렇게 갑자기 눈앞에 열리니 정말 믿을 수 있는 정보인지 의심이 들었다.

그러나 만약 이 정보가 진짜라면, 그동안 찾아 헤맨 안정성과 수익성을 모두 충족할 수 있다는 생각에 설렘과 기대감이 차오르기 시작했다. 필자는 결심했다. "한 번 알아보자. 이 정보가 진짜라면 내 인생의 큰 기회가 될 것이고, 아니라면 그저 또 하나의 시도일 뿐이다."

금융 선진국의 금융상품에 눈을 뜨다

세미나 이후, 필자는 금융 선진국에서 판매하고 있는 금융상품에 대해 본격적으로 공부하기 시작했다. 단순히 상품 자체만이 아니라, 그 상품을 제공하는 회사들과 해당 국가의 금융 환경까지 깊이 들여다보았다. 왜 우리나라에는 안정성과 수익성을 동시에 만족시키는 상품들이 존재하지 않는지 그 이유와 역사를 공부했고, 실제로 외국에서는 얼마나 많은 사람들이 이러한 금융상품을 가입하고 활용하고 있는지 알게 되었다.

금융 선진국에서는 위험을 효율적으로 분산하면서도 높은 수익을 기대할 수 있는 다양한 금융상품들이 존재했다. 특히, 안정성과 전문적인 자산운용사의 관리가 결합된 상품들은 안정적이면서도 매력적인 수익을 제공하고 있었다. 한국과는 달리, 금융 선진국들은 수익성과 안정성을 동시에 제공할 수 있는 상품을 개발하는 데 주력하고 있었던 것이다.

공부가 깊어질수록 필자는 글로벌 금융시장과 한국 금융시장의 차이를 더욱 명확히 이해하게 되었다. 한국에서는 왜 이러한 상품들이 나오지 않는지, 그리고 이러한 차이는 어디서부터 비롯되었는지에 대해 깊이 생각하게 되었다. 한국 시장은 상대적으로 규제와 금융상품 개발 방향이 제한적이었다. 반면, 외국 시장은 보다 다양한 리스크관리 전략과 높은 수익성을 추구하는 접근 방식을 취하고 있었다.

때때로 영어가 익숙하지 않아 자료를 해석하고 번역하는 과정에서 어려움을 겪기도 했지만, 그 과정에서 새로운 사실들을 알아가는 보람도 함께 느꼈다. 글로벌 금융시장은 익숙하지 않았지만, 하나씩 배워가면서 마치 새로운 길을 개척해가는 기분을 느꼈다.

이제부터는 내가 공부하면서 알게 된 글로벌 금융에 대한 모든 것을 하나씩 차근차근 풀어가려고 한다. 이 과정에서 당신도 새로운 금융의 세계를 경험하게 될 것이다. 잘 따라오길 바란다.

4. 왜 몰랐을까?

글로벌 금융시장의 진실

본격적으로 자료조사를 시작하면서 가장 먼저 떠오른 의문은 "왜 이런 글로벌 금융시장에 대한 정보는 국내에서 찾기 어려울까?"였다. 쉽게 검색이 되는 정보였다면 지인들을 통해서라도 이미 알았을 것이다. 세미나에서 소개된 대표적인 상품은 연 복리 6~7%의 수익률을 제공하는 플랜이었는데, 그 정체는 놀랍게도 보험상품이었다. 영어로는 'Saving Plan'이라고 불렀다. 처음 이 정보를 접했을 때, 필자는 당황스럽고 약간 실망스러웠다. '기대했던 글로벌 금융상품이 겨우 보험이라니?' 하는 생각이 머릿속을 맴돌았다. 아마도 국내에서 경험했던 보험상품에 대한 실망감과 선입견 때문에 이런 반응이 나왔던 것 같다.

그러나 세미나를 진행한 관계자들과 대화를 나누며, 단순히 보험상품이라고 생각했던 'Saving Plan'이 실제로는 자산 증식과 관련된 구조를 가지고 있음을 알게 되었다. 국내에서 접해왔던 보험상품과는 다르게, Saving Plan은 장기적인 수익률을 고려한 구조로 설계되어 있었다. 어떤 점에서 차이가 있는지에 대해 궁금증이 점점 커졌다.

또한, 왜 이런 정보가 국내에서는 쉽게 검색되지 않는지 점차 그 이유를 이해하게 되었다. 규제, 접근성, 그리고 금융문화의 차이가 이런 정보의 접근을 제한하고 있었던 것이다. 참고로, 이러한 구조적 차이심에 대해서는 뒤에서 더 자세히 설명할 예정이다.

역외보험과 홍콩보험

글로벌 금융상품 중에는 '역외보험'이라는 개념이 있다. '역외'는 영어로 'Offshore'라 불리며, 일반적으로 '국외'나 '해외'를 뜻한다. 금융 용어로 사용될 때는 해당 국가의 법과 규제를 따르지 않고, 외국에서 운영되는 보험을 의미한다. 반대로 'Onshore Insurance'는 한국 내에서 금융감독원의 승인을 받아 운영되는 보험을 말한다. 한국의 보험상품은 광고 시 반드시 손해보험협회나 생명보험협회의 심의를 받아야 하며, 이를 통해 TV, 인터넷 등 다양한 매체에서 홍보가 가능하다.

그러나 'Offshore Insurance'는 한국의 법과 제도에 영향을 받지 않고, 해당 국가의 금융 규제를 따르는 보험이다. 이들 상품은 세제 혜택과 높은 수익률 등으로 인해, 특히 고소득층에게 매력적인 선택지가 된다. 예를 들어, 홍콩은 아시아의 금융허브로 잘 알려져 있으며, 많은 글로벌 보험사들이 홍콩을 거점으로 활동하고 있다. 홍콩은 자유로운 자본 이동과 낮은 세율 덕분에 역외보험의 중요한 거점으로 자리 잡았다. 그래서 '역외보험'을 '홍콩보험'이라고 부르기도 하지만, 이 표현은 정확하지 않다. 이에 대해서는 뒤에서 좀 더 자세히 설명하겠다.

이러한 특성 때문에 한국 내에서는 역외보험에 대한 정보가 제한적일 수밖에 없다. 한국의 금융감독 체계는 국내에서 운영되는 보험상품들에 대해서만 관리하고 있으며, 역외보험은 법적 규제를 받지 않기 때문에 광고나 홍보가 법적으로 허용되지 않는다. 이런 이유로 대부분의 사람들은 이 정보를 쉽게 접할 수 없게 되었고, 그 결과 글로벌 금융시장은 자연스럽게 대중에게 잘 알려지지 않은 블루오션 시장으로 남게 되었다.

| 5. 검증과 분석 |

가입은 불법일까 합법일까?

　TV 홈쇼핑과 인터넷 등 다양한 매체에서 마케팅이 금지된다는 사실을 알게 된 후, 자연스럽게 떠오른 의문은 "그렇다면 가입 자체도 불법인 것은 아닐까?"였다. 국내에서 마케팅이 금지되어있는 상황이라면, 가입도 불법일 가능성이 있지 않을까? 혹은 "가입이 가능하더라도 절차가 매우 까다롭지 않을까?"라는 생각도 들었다. 그러나 이 질문에 대한 답은 의외로 간단했다. 결론부터 말하자면, 한국에서 역외보험의 "마케팅과 홍보"는 불법이지만 가입은 "합법"이다. 이를 뒷받침하는 세 가지 주요 근거가 있다.

　첫 번째 근거는 '보험업감독규정'이다. 이 규정은 인터넷에서 쉽게 확인할 수 있다. 제1-6조 (보험계약체결방법) 1항에 따르면, "외국보험회사는 우편, 전화, 모사전송, 컴퓨터통신을 이용하여 거주자와 보험계약을 체결할 수 있다"라고 명시되어 있다. 이는 외국 보험사와의 계약 체결이 법적으로 허용된다는 것을 명확히 보여준다.

　두 번째 근거는 '보험업법 시행령'이다. 제7조(보험계약의 체결) 1항에서는 외국보험회사와의 보험계약 체결 가능성을 다섯 가지 경우로 명시하고 있는데, 특히 제3호에서는 "대한민국에서 취급되지 않는 보험 종목에 대해서 외국보험회사와 계약을 체결할 수 있다"고 규정하고 있다. 이 조항은 국내에서 가입할 수 없는 상품에 대해서도 자유로운 계약이 가능함을 보여준다.

세 번째 근거는 생명보험협회에서 받은 공식 공문이다. 실제 공문에는 "해외보험회사와의 생명보험 계약은 외국환거래법상 거주자가 체결할 수 있는 계약임을 확인해 드립니다."라는 문구가 포함되어 있다. 이처럼 생명보험협회를 통해 외국 보험회사와의 계약이 가능하다는 점을 공식적으로 확인할 수 있었다.

이렇듯 법률적 근거와 공문을 통해, 역외보험 가입이 합법임을 명확하게 알 수 있었다. 더욱이, 가입 절차도 생각보다 간단하다는 것을 알게 되었다. 가입 방법은 크게 두 가지로, 첫 번째는 방문 청약이고 두 번째는 우편 청약이다.

방문 청약은 가입하려는 상품의 허가가 있는 국가에 직접 방문하여 계약을 체결하는 방식으로, 한국의 경우 아시아 금융허브인 홍콩에서 많은 사람들이 이를 이용한다. 반면, 우편 청약은 해당 국가에 가지 않고 서류를 작성하여 가입할 수 있는 방식이다. 다만, 이 경우 보험사에서 신원 보증을 요구하기 때문에 추가 비용을 지불하고 신탁사를 이용해야 한다는 점에 유의해야 한다.

이처럼 국내에서 쉽게 알 수 없는 절차를 거쳐 가입이 가능하다는 것을 알게 되면서, 역외보험이 단순한 미지의 영역이 아닌, 합법적인 투자 대안이라는 확신을 갖게 되었다.

유배당보험 vs 무배당보험

본격적으로 검증을 시작하기 전에 알아야 할 개념이 있다. 바로 유배당과 무배당의 차이이다. 유배당보험과 무배당보험의 차이는 생각보다 단순하다. 유배당보험의 유(有)는 '배당이 있는 보험'을 의미하고, 무배당보험의 무(無)는 '배당이 없는 보험'을 의미한다.

보험에 가입하면 고객은 보험사에 보험료를 납입한다. 보험사는 고객이 납입한 보험료를 모아 사고 발생 시 지급해야 할 최소한의 보험금(책임준비금)만 남기고, 나머지는 부동산, 주식, 펀드 등 다양한 방법으로 투자하여 수익을 낸다. 이렇게 투자 수익의 일부를 고객에게 나눠 주는 보험을 유배당보험이라고 부르며, 수익이 나도 고객에게 나눠 주지 않는 대신 보험료가 상대적으로 저렴한 보험을 무배당보험이라고 부른다.

유배당보험은 수익 배분을 통해 추가적인 이익을 기대할 수 있는 장점이 있으며, 회사, 상품마다 조금씩 상이하지만 대개 수익의 90%를 고객이, 나머지 10%를 회사가 가져가는 구조다. 이는 고객의 보험료가 운용된 결과에 따라 매년 배당금 형태로 지급되는 것이다. 예를 들어, 보험사가 한 해 동안 성공적인 투자를 했다면, 고객은 추가적인 배당금을 받을 수 있다. 반면, 무배당보험은 배당은 없지만 고객이 낮은 보험료로 가입할 수 있어 경제적인 장점이 있다.

따라서, 유배당보험은 안정적인 투자 수익을 기대할 수 있는 반면, 무배당보험은 보험료 부담을 줄이고자 하는 고객에게 적합하다. 각자의 재정 상태와 투자 성향에 맞추어 선택할 수 있는 이 두 가지 상품은 보험 가입 시 매우 중요한 고려 요소가 된다.

100년 넘게 지속되고 있는 미국 Mutual 보험사의 배당

믿기지 않겠지만, 미국 Mutual 보험사들은 오랜 기간 동안 안정적으로 배당을 지급해 온 것으로 유명하다. 특히, 고객들과의 신뢰 관계를 바탕으로 100년이 넘는 기간 동안 배당을 꾸준히 지급해왔다.

Mutual 보험사는 주주가 아닌 고객을 소유자로 간주하여, 회사의 이익을 고객에게 배당으로 돌려주는 구조를 유지하고 있다. 이는 Mutual 보험사가 고객 이익을 최우선으로 한다는 점에서 주식회사형 보험사와는 차별화되는 부분이다. 첨부된 자료만 보더라도 이들이 얼마나 오랜 기간 동안 꾸준히 배당을 지급해 왔는지를 확인할 수 있다.[1]

주요 Mutual 보험사의 연속 배당 사례는 다음과 같다.

New York Life: 170년 연속 배당[2]
Penn Mutual: 175년 연속 배당[3]

---

[1] Whole Life Insurance Dividend Rate History," Top Whole Life,
https://topwholelife.com/whole-life-insurance-dividend-rate-histo

[2] New York Life, 2024년 역대 최고 배당금 발표," New York Life,
https://www.newyorklife.com/newsroom/2023/new-york-life-declares-company-record

[3] Penn Mutual, 2억 달러 사상 최대 배당 발표," 『Penn Mutual,
https://www.pennmutual.com/about-us/news/press-releases/2023/11/penn-mutual-announces-record--200-million-dividend

Mass Mutual: 155년 연속 배당[4]
Guardian Life: 163년 연속 배당[5]
Northwestern Mutual: 152년 연속 배당[6]

    미국의 주요 Mutual 보험사들은 배당 지급을 통해 고객들에게 안정적인 재정적 이익을 제공하고 있다. 예를 들어, New York Life는 170년 동안 매년 배당을 지급해왔으며, 최근 발표된 2024년 배당금은 역대 최고 수준에 도달했다. Penn Mutual 역시 175년 동안 배당 지급을 유지해오며, 2023년에는 사상 최대 규모인 2억 달러의 배당금을 발표했다. 이들 보험사는 오랜 시간 동안 신뢰를 바탕으로 고객에게 안정적인 수익을 제공해왔다.

    이 사례들은 Mutual 보험사들이 경제 상황에 따라 변동하는 배당률을 유지하면서도, 고객들에게 꾸준히 안정적인 수익을 제공해 왔다는 점을 잘 보여준다. 예를 들어, Mass Mutual은 2009년에는 7.6%의 배당률을 기록했으며, 2024년에도 6.1%의 배당률을 유지하며 꾸준한 배당 지급을 이어가고 있다. 이러한 배당률은 투자 수익률이나 경제 상황에 따라 변동할 수 있지만, Mutual 보험사들은 전반적으로 높은 수준의 배당을 유지하고 있어 고객에게 장기적인 재정 안정성을 제공하는 데 중요한 역할을 하고 있다.

---

4 MassMutual, 2024년 배당 발표," MassMutual,
    https://www.massmutual.com/about-us/news-and-press-releases/press-releases/2023/11/2024-dividend-announcement

5 Guardian Life, 2024년 배당 발표
    https://www.guardianlife.com/about-guardian/annual-dividend/2024

6 Northwestern Mutual, 2024년 배당 발표
    https://www.northwesternmutual.com/life-and-money/northwestern-mutual-expects-record-breaking-dividend-payout/

이처럼, Mutual 보험사들이 장기간 배당을 지급할 수 있었던 비결은 안정적인 수익을 추구하는 투자 전략과 고객 이익을 최우선으로 하는 경영 방침에 있다. 이로 인해 Mutual 보험사는 유배당보험의 대표적인 장점인 안정성과 장기적 수익성을 갖추고 있으며, 고객들에게 신뢰할 수 있는 재정적 파트너가 되어주고 있다.

노벨상 기금 운용과 유배당보험의 공통점

유배당보험의 구조와 비슷한 것이 바로 노벨상 기금 운용이다. 노벨상 기금은 1901년부터 현재까지 124년 동안 지속적으로 운영되며, 매년 수상자들에게 상금을 지급하고 있다. 이 기금은 알프레드 노벨의 유산 3,100만 스웨덴 크로나(약 40억 원)를 바탕으로 시작되었으며, 변동하는 경제 상황 속에서도 안정적으로 수익을 창출하며 기금을 유지해 왔다. 노벨 재단은 매년 약 4.6%의 수익률을 목표로 자산을 운용해 상금을 지급하는데, 이는 유배당보험의 구조와 매우 유사하다.

2023년 노벨 재단 연례 보고서에 따르면,[7] 재단의 운용자산 총규모는 약 60억 4,100만 스웨덴 크로나(약 7,762억 원)에 달하며, 2023년 한 해 동안 약 1억 2천 6백만 스웨덴 크로나(약 161억 원)가 상금으로 지급되었다. 게다가 1901년부터 지금까지 노벨상 수상자에게 지급된 총 누적 상금액은 약 4억 1,912만 스웨덴 크로나 (약 544억 원)에 달한다.[8]

---

[7] Nobel Foundation. (2023). Annual Report 2023. Retrieved from https://www.nobelprize.org/organization/reports-and-statements/

[8] Nobel Prize Outreach AB (2024). The Nobel Prize amounts. Retrieved from https://www.nobelprize.org/prizes/about/the-nobel-prize-amounts/

Historical Dividend Rates
Whole Life Insurance

Largest whole life insurance companies

Historical Whole Life Insurance Rates - Large Mutual Companies							
Year	MassMutual	New York Life	Northwestern	Penn Mutual	Ohio National	Guardian
2025	6.4	6.2	5.5	6	Demutualized	6.1
2024	6.1	6	5.15	5.75	4	5.9
2023	6	5.8	5	5.75	4	5.75
2022	6	5.8	5	5.75	4	5.65
2021	6	5.8	5	5.75	4.7	5.65
2020	6.2	6.1	5	6.1	5.2	5.65
2019	6.4	6	5	6.1	5.4	5.85
2018	6.4	6.1	4.9	6.34	5.4	5.85
2017	6.7	6.3	5	6.34	5.75	5.85
2016	7.1	6.2	5.45	6.34	6	6.05
2015	7.1	6.2	5.6	6.34	6	6.05
2014	7.1	6	5.6	6.34	6	6.25
2013	7	5.9	5.6	6.34	6	6.65
2012	7	5.8	5.85	6.34	6.15	6.95
2011	6.85	6.11	6	6.34	6.15	6.85
2010	7	6.11	6.15	6.34	6.4	7
2009	7.6	6.14	6.5	6.34	6.4	7.3
2008	7.9	6.79	7.5	6.34	6.65	7.25
2007	7.5	6.79	7.5	6.3	6.65	6.75
2006	7.4	6.79	7.5	6.3	6.65	6.5
2005	7	6.79	7.5	5.74	6.9	6.75
2004	7.5	6.79	7.7	5.74	7.4	6.6
2003	7.9	6.79	8.2	6.48	7.7	7
2002	8.05	7.32	8.6	7.4	7.7	8
2001	8.2	7.9	8.8	7.4	8.3	8.5
2000	8.2	7.9	8.8	7.4	8.3	8.5
1999	8.4	7.9	8.8	7.4	N/A	8.75
1998	8.4	7.9	8.8	8	N/A	8.75
1997	8.4	7.9	8.5	8	N/A	8.5
1996	8.4	7.9	8.5	8.5	N/A	8
1995	9	8.25	8.5	0.5	N/A	8.5
1994	9.3	8.5	8.5	9.2	N/A	9
1993	9.45	8.05	9.25	9.7	N/A	9.75
1992	9.95	8.9	9.25	9.93	N/A	10.25
1991	10.5	9.75	10	9.93	N/A	10.5
1990	10.5	10.25	10	9.93	N/A	11
1989	11.15	10.25	10	9.93	N/A	11.5

Whole Life Insurance Dividend Rate History," Top Whole Life

이러한 상금 지급 방식은 기금이 장기적으로 안정적인 수익을 창출하고 이를 환원하는 구조를 보여준다.

노벨상 기금은 주식, 부동산, 고정 수익 자산 등 다양한 자산에 분산 투자하여 위험을 최소화하고 안정적인 수익을 창출한다. 이는 유배당보험에서 보험사가 주식, 채권, 부동산 등 다양한 자산에 투자하여 고객에게 배당금을 돌려주는 방식과 동일하다. 두 시스템 모두 안정적인 수익을 목표로 하며, 리스크 분산을 통해 안정성을 유지하는 데 초점을 맞추고 있다.

유배당보험 역시 고객의 보험료를 다양한 자산에 투자해 수익을 창출하고, 그 수익을 고객에게 배당금으로 돌려준다. 마치 노벨상 기금이 자산을 운용하여 매년 상금을 지급하는 것처럼, 유배당보험 또한 고객에게 장기적인 재정적 혜택을 제공한다. 이러한 구조는 고객들에게 안정적이고 지속적인 수익을 제공하며, 장기적인 신뢰를 쌓는 중요한 역할을 한다.

결론적으로, 노벨상 기금 운용과 유배당보험은 모두 장기적인 자산 운용을 통해 안정적이고 지속적인 수익을 창출하고, 이를 수혜자 또는 고객에게 환원하는 구조를 가지고 있다. 이처럼 두 시스템은 장기적 신뢰와 재정적 안정성을 제공하는 공통점을 가지고 있으며, 유배당보험은 고객의 재정적 목표를 달성하는 데 있어 신뢰할 수 있는 파트너가 된다.

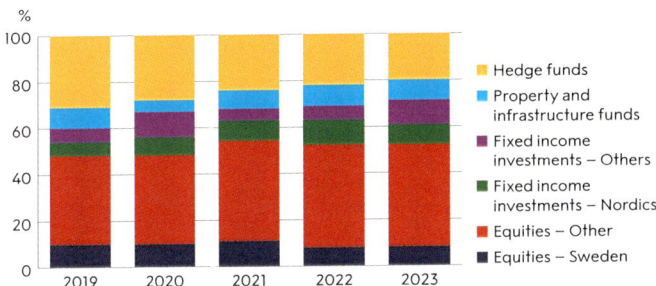

노벨 재단 자산군별 비중

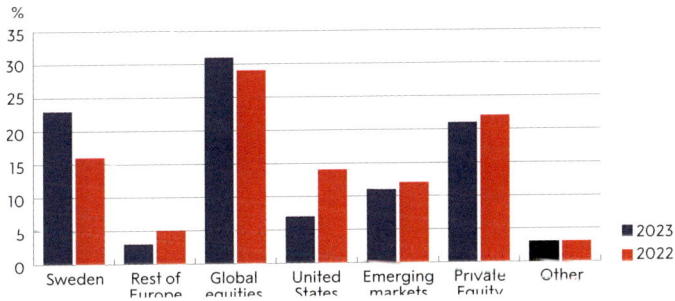

노벨 재단 투자 자산 분포 및 성과

역사 속으로 사라진 한국의 유배당보험

20대 중반의 남성이 월 보험료 13만 원씩 10년 동안 총 1,560만 원을 납입하고 60세부터 연금으로 연 500만 원씩 종신토록 받기 시작한다고 하자. 65세가 되면 연금액이 750만 원으로, 70세에는 1,000만 원, 75세부터는 1,250만 원씩 지급된다. 또한, 생존 시 60세에 정년 축하금으로 375만 원, 70세에는 칠순 축하금으로 750만 원, 80세에는 팔순 축하금으로 1,125만 원이 일회성으로 지급된다. 만약 100세까지 생존하여 연금을 받을 경우, 누적 연금액은 총 4억 4,750만 원에 달하고, 수익률은 원금 대비 약 2,800%에 이른다.

이와 같은 높은 수익률의 연금보험이 있다면, 당신은 가입하고 싶지 않겠는가? 놀랍게도 이 상품은 1997년에 한국에서 판매되었던 유배당 연금보험이다. 미국처럼 한국에서도 한때 유배당보험을 판매했던 시기가 있었다는 사실을 알게 된 것은 나에게 큰 충격이었다. 필자는 이 상품이 정말로 좋은 내용의 연금보험이었는지 궁금해서 보험사 공식 자료를 찾아보았다. 그 결과, 이 상품이 2000년에 판매 종료된 사실을 확인할 수 있었다.

"이렇게 매력적인 상품이 왜 지금은 판매되지 않는 걸까?"라는 의문이 생겼고, 이에 대한 답을 찾기 위해 자료조사를 시작했다. 이 상품이 사라진 배경에는 변화하는 경제 환경, 보험업계의 정책 변화 등이 영향을 미쳤을 것이다. 과연 이러한 매력적인 상품이 왜 사라질 수밖에 없었는지 그리고 그것이 오늘날의 금융 상품에 어떤 의미를 주는지 알아보자.

한국은 원래 유배당보험이 기본이었다

유배당과 무배당의 개념을 이해했다면, 이제 본인이나 가족, 지인이 가입한 보험상품명을 한번 확인해 보길 바란다. 현재 한국에서 판매되고 있는 무배당보험의 상품명에는 대부분 '무배당' 또는 '(무)'라는 문구가 붙어있다. 그렇다면 유배당보험은 어떨까? 유배당보험의 경우, 상품명 앞에 아무런 문구가 없다는 사실을 알 수 있다. 이는 무슨 의미일까? 이를 쉽게 이해하기 위해 일상적인 비유를 들어보겠다.

우리는 일상적으로 숫자를 쓸 때 십진법을 사용한다. 예를 들어, 숫자 '1, 2, 3'을 쓸 때 별도의 설명이 없어도 십진법이라는 사실을 이해한다. 그러나 이진법으로 표기하려면 반드시 '이진법'이라고 명시해야 한다. 그렇지 않으면 헷갈리기 때문이다.

마찬가지로 과거 한국의 보험시장에서 유배당보험은 '기본값'인 십진법과 같았다. 그 당시에는 고객의 보험료에서 발생한 투자 수익을 배당으로 돌려주는 유배당보험이 표준이었으므로 특별한 표기가 필요하지 않았다. 그러나 경제 상황이 변화하면서 보험사들이 투자 수익을 고객에게 나눠주기 어려워졌고, 배당금을 지급하지 않는 무배당보험이 일반화되었다. 이 때문에 무배당보험임을 명시하기 위해 상품명에 '무배당' 혹은 '(무)'라는 문구가 추가된 것이다.

이처럼 무배당보험이 표준이 되면서, 유배당보험이 점차 사라지고 현재는 거의 찾아볼 수 없게 되었다.

유배당보험이 사라진 한국

자료조사를 하던 중, 2016년에 발표된 "밀리먼(Milliman) 리포트"에서 한국 보험 산업의 중요한 변화에 대해 확인할 수 있었다. 밀리먼은 1947년에 설립된 글로벌 금융 자문회사로, 특히 보험사들의 위험을 평가하고 관리할 수 있도록 돕는 기관이다. 이 회사는 생명보험, 연금, 손해보험 등 다양한 분야에서 보험상품 설계, 리스크 분석, 배당 정책 등을 자문하며, 고객에게 안정적인 상품을 제공하는 데 기여해왔다.

리포트에 따르면[9], 1990년대 이전까지 한국의 모든 보험상품은 유배당보험이었다. 그러나 1992년 외자계 보험사를 통해 무배당보험이 도입되면서 상황이 달라지기 시작했다. 무배당보험은 배당금 지급 의무가 없으므로 보험료가 저렴하다는 장점이 있었는데 암보험이나 종신보험과 같은 보장성 보험의 경우 배당이 없어도 저렴한 보험료 덕분에 고객에게 유리할 수 있었다. 즉, 소비자 입장에서 각자 재정 상황에 따라 유배당을 선택할지 무배당을 선택할지 기회의 폭이 넓어진 것이다.

그러나 결과는 충격적이었다. 무배당보험이 유배당보험을 완전히 대체하게 되었는데, 그 과정에서 IMF 외환위기가 결정적인 역할을 했다. 외환위기로 인해 보험사들이 재정적 타격을 입었고, 유배당보험의 높은 배당 지급 부담을 감당하기가 어려워졌다. 당시 유배당보험은 보험사가 수익의 90%를 고객에게 돌려주어야 했기에, 보험사들은 이를 재정적으로 버티기

---

9 Milliman, Participating business in Asia : 2016 EDITION, 2016.

어려웠다. 더욱이 한국 보험사의 주식회사 구조는 주주들이 이익을 배당으로 받는 구조였으므로, 유배당보험을 유지하면 보험사의 수익이 주주가 아닌 고객에게 돌아가는 상황이 벌어졌다. 이는 주주들로 하여금 불만을 낳았고, 무배당보험으로의 전환을 통해 주주 이익을 보호하려는 요구가 강해졌다[10].

결국 2000년을 기점으로 한국 시장에서 유배당보험이 사라지고, 무배당보험이 급격히 자리잡게 되었다. 이와 달리, 홍콩과 싱가포르, 말레이시아 등은 여전히 유배당보험을 활성화하여 고객들에게 더 다양한 선택권을 제공하고 있다. 특히 이들 국가에서는 금융 허브로서의 역할을 하며, 다양한 상품군을 유지하고 있다. 이에 반해, 한국은 유배당보험과 관련된 데이터에서 아예 제외되어 있었는데 이는 금융 환경의 차이가 만들어낸 결과라 할 수 있다.

---

10   Milliman, Korean Life Insurance Market, 2001

SOUTH KOREA

Unlike other Asian markets, nonpar business is dominant in the Korean insurance market. The total premium income of par business is less than 10% of total premium income in the life insurance market for general account products. For the past five years, the proportion of par business has decreased even more, as shown in Figure 14.

FIGURE 14: RATIO OF PAR BUSINESS IN LIFE INSURANCE MARKET (GENERAL ACCOUNT ONLY)

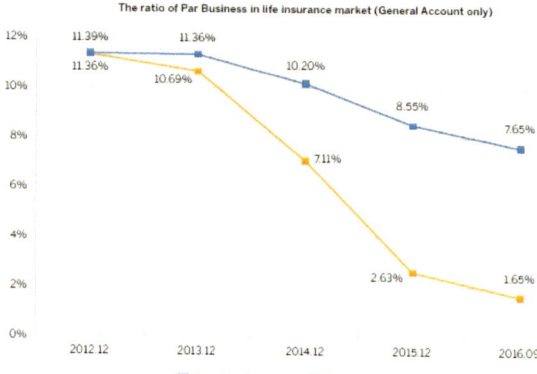

The major par products are interest-sensitive savings, accounting for more than 92% of total premium income of par business. As of September 2016, 70% of interest-sensitive savings are tax-qualified annuity (TQA) products and the rest are other annuity products.

Until the 1990s, all insurance products were available as par products; fixed-interest rate products, and interest-sensitive products. The first nonpar product was introduced in the Korean market in 1992 by a foreign insurer. As more nonpar products became available in the market, more customers shifted to nonpar products, where the premiums are lower.

For par products, the surplus before policyholders' dividend reserve should be allocated between policyholders and shareholders in the ratio 90:10. When only par products were available in the market, 10% of surplus was the maximum profits allowed for shareholders. The introduction of nonpar products in 1992 created new opportunities for local insurers, as all local insurers are stock companies. Since early 2000, nonpar business began to expand.

While the Korean regulator initially allowed foreign insurers to sell nonpar products to diversify insurance products and to expand customer choice, the result has simply been a substitution of par with nonpar. Now, par business takes only a small proportion of the market. As the low interest environment continues, it is rare to find fixed-interest products and most par products that are available are interest-sensitive annuity products.

밀리먼 리포트 (Participating business asia 2016)

🎯 요약 및 핵심 포인트

● 역외보험 가입의 합법성

한국에서는 역외보험에 대한 "마케팅과 홍보"는 불법이지만, 가입 자체는 합법이다. 법적 근거와 생명보험협회의 회신을 통해 이를 검증할 수 있으며, 직접 현지 방문청약이나 우편청약 방식으로 가입이 가능하다.

● 유배당보험과 무배당보험의 차이

유배당보험은 보험사가 발생한 수익의 일부를 고객에게 배당하는 구조이며, 무배당보험은 배당이 없는 대신 보험료가 더 저렴하다. 이 두 보험의 차이는 투자 성향과 재정 상황에 따라 선택할 수 있는 장점이 있다.

● 미국 Mutual 보험사의 장기 배당 사례

New York Life, Penn Mutual, Mass Mutual 등 주요 미국 Mutual 보험사들은 100년이 넘는 기간 동안 지속적으로 배당을 지급해왔다. 이는 안정성과 신뢰를 유지하는 데 중요한 역할을 하고 있으며, 유배당보험의 장점을 잘 보여주는 사례다.

● 노벨상 기금 운용과 유배당보험의 공통점

노벨상 기금처럼 유배당보험도 장기적인 자산 운용을 통해 안정적이고 지속적인 수익을 창출하고, 이를 고객에게 배당하는 구조다. 두 시스템 모두 장기적 신뢰와 재정 안정성을 제공한다는 공통점이 있다.

● 한국 유배당보험의 역사와 변천

한국에서도 과거에는 유배당보험이 기본이었으나, IMF 이후 무배당보험이 주류로 자리 잡았다. 무배당보험은 저렴한 보험료로 고객들의 선택 폭을 넓히기 위해 도입되었지만, 유배당보험의 사라짐으로 인해 장기적인 재정 혜택을 제공할 기회가 감소했다.

3

홍콩의 금융 환경과
금융 시스템

6-1. 홍콩의 금융 환경

영국의 금융 환경과 금융 시스템

홍콩의 금융 환경과 시스템을 설명하기에 앞서, 대표적인 금융 선진국인 영국의 금융 환경과 시스템에 대해 간단히 살펴보자. 영국은 오랫동안 세계 금융의 중심지로 자리해 왔으며, 홍콩은 과거 영국령이었기 때문에 영국의 영향을 많이 받았다. 특히 금융 및 법률 시스템은 영국식 모델을 기반으로 발전했기 때문에 영국의 금융 환경과 시스템을 이해하면 홍콩의 금융 구조도 자연스럽게 이해할 수 있다.

영국의 수도인 런던은 세계적인 금융허브인데 그 이유 중 하나는 영국 금융청(FCA, Financial Conduct Authority)과 프루덴셜 규제 당국(PRA, Prudential Regulation Authority)과 같은 강력한 규제 관리기관 덕분이다. 이들 기관은 영국 금융 산업의 규제와 감독을 책임지며, 금융 시스템의 안정성과 공정성을 유지하는 데 중요한 역할을 한다[11]. 특히 세계적으로 유명한 로이드(Lloyd's of London)는 재해보험, 해상보험, 항공보험 등 복잡한 위험을 인수하는 보험시장(Market)으로, FCA와 PRA의 규제 하에 운영된다. 이처럼 강력한 감독 체계는 영국 금융 시스템의 신뢰성을 더욱 높이는 요인이다[12].

---

11 Financial Conduct Authority, "Global regulation in the post-crisis era," TheCityUK Annual Conference, 20
12 https://www.fca.org.uk/news/speeches/global-regulation-post-crisis-era Lloyd's of London, "Regulation of Lloyd's," https://www.lloyds.com/about-lloyds/regulation-of-lloyds

영국 금융의 또 다른 특징으로는 "제판분리"구조가 있다. 뒤에서 자세히 설명하겠지만, FCA는 보험상품의 제조와 판매가 분리되도록 규정하고 있으며 이는 소비자에게 더 큰 이익을 제공하기 위한 제도적 장치다[13]. 이 구조는 금융상품의 공정성을 보장하며, 판매자가 제품의 가치를 일관되게 전달하도록 설계되었다. 이에 따라 소비자는 자신의 필요에 맞는 상품을 명확히 선택할 수 있는 환경을 제공 받는다.

소비자 보호 측면에서 영국은 금융 옴부즈만 서비스(Financial Ombudsman Service, FOS)와 최근 도입된 소비자 의무(Consumer Duty) 제도를 통해 금융 소비자의 권리를 강력히 보호하고 있다. FOS는 금융기관과의 분쟁을 신속하게 해결할 수 있도록 돕는 독립 기관으로, 소비자가 금융 서비스와 관련된 불만 사항을 제기하면 공정하게 중재한다. 소비자 의무 제도는 보험사들이 고객 중심의 서비스와 공정한 가격, 명확한 정보를 제공하도록 강제하며, 소비자에게 더 나은 선택권을 보장한다.

또한, 영국에는 약 300개의 보험회사가 운영되고 있으며, 그중에는 유배당보험, 재해보험, 해상보험, 항공보험 등 다양한 보험상품이 포함된다. 특히, 많은 외국 보험사들이 영국 시장에 진출해 있으며, Lloyd's of London은 1686년에 설립된 이후로 전 세계적으로 가장 오래된 보험거래소로 유명하다. Lloyd's는 다양한 위험을 관리하며, 글로벌 보험시장에서 독보적인 위치를 차지하고 있다.

---

[13] Financial Conduct Authority (FCA), FG19/05: General Insurance Distribution Chain: Finalised Guidance, 2019. https://www.fca.org.uk/publication/finalised-guidance/fg19-05.pdf

이러한 강력한 규제와 감독 체계는 영국 금융 시스템의 안정성과 신뢰성을 높이며, 글로벌 금융허브로서의 역할을 지속적으로 강화하고 있다. 영국의 이러한 금융 환경은 홍콩과의 연결성을 더욱 돋보이게 하며, 두 지역의 금융 시스템을 이해하는 데 중요한 출발점이 된다.

아시아 금융의 허브 홍콩

글로벌 금융시장을 공부하기 전에는 보험상품명 앞에 '무배당' 혹은 '(무)'라는 표기를 수없이 봐왔지만, 유배당보험이 과거에 한국에서도 판매되었다는 사실은 전혀 알지 못했다. 그러나 자료조사를 통해 1990년대 후반까지 한국에서도 유배당보험이 판매되었다는 것을 알게 되자, 세미나에서 들었던 연 복리 6~7%의 수익을 제공하는 해외 보험상품이 실제로 존재할 수 있음을 확신하게 되었다. 한국에서는 IMF 외환위기를 겪으며 유배당보험이 사라졌지만, 재정이 튼튼한 금융 선진국에서는 여전히 유배당보험이 유지되고 있다는 점이 필자가 느끼던 불안감을 해소시켜 주었다.

그래서 필자는 한국에서 비행기로 3시간 거리에 있는 아시아 금융의 중심지, '홍콩'에 대해 집중적으로 알아보기 시작했다. 홍콩에 대해 조사하기 전까지는 그곳이 금융 허브라는 사실을 전혀 몰랐다. 필자에게 홍콩은 그저 '영웅본색', '천녀유혼' 같은 1980~90년대 유명했던 무협영화와 짜장면이 떠오르는 곳일 뿐이었다. 그러나 조사하면서 완전히 잘못된 인식을 가지고 있었음을 깨달았다. 홍콩은 아시아에서 가장 발전된 금융 선진국 중 하나로 금융의 허브로 불리며 아시아뿐만 아니라 전 세계 금융시장에서 중요한 역할을 하고 있었다. 마치 한국이 IT 강국으로 자리 잡은 것처럼 말이다.

홍콩의 면적은 서울보다 약 1.8배 크지만, 인구는 약 750만 명[14]으로 서울의 인구(약 935만명)보다 적다. 그러나 그 작은 나라가 가진 금융 환경과 금융 시스템은 한국과는 큰 차이가 있었다. 홍콩은 단순히 금융기관이 많이 위치한 곳이 아니라, 글로벌 자산 관리와 자본 흐름의 중심지로 자리 잡고 있었다. 이러한 환경에서 홍콩은 금융허브로서의 역할을 수행하며 국제적인 금융 자산의 보관 및 관리를 돕는 금융 시스템을 발전시켜 왔다.

상속세, 증여세가 없는 나라

홍콩의 금융 환경을 논할 때 가장 중요한 특징은 바로 상속세와 증여세가 전혀 없다는 사실이다. 이와 관련된 흥미로운 일화가 있다. 홍콩의 한 금융사 직원과 대화를 나누던 중, "Gift Tax(증여세)"라는 단어를 들어본 적이 있냐고 물었다. 그는 처음 듣는 말이라며, 그 개념조차 생소해했다. 한국에서는 누군가에게 증여를 하더라도 일정 금액을 넘기면 증여세를 납부해야 한다고 설명하자, 그는 매우 놀라며 "내가 주고 싶은데 왜 거기에 세금을 매기는 거야?"라고 되물었다. 홍콩에서는 이처럼 상속세와 증여세라는 개념 자체가 없다.

반면 한국에서는 상속세와 증여세가 적용되며, 그 세율은 상당히 높다.

---

[14] Hong Kong Information Services Department, "Hong Kong Population Mid-2024", August 15, 2024
https://www.info.gov.hk/gia/general/202408/15/P2024081500261.htm

대표적인 예로, 삼성의 故 이건희 회장의 상속세는 약 12조 원에 달해, 역대 최고액의 상속세 사례로 손꼽힌다[15]. 상속세가 높아지면, 경영권을 물려받으려는 과정에서 기업들이 큰 재정적 부담을 겪을 수 있으며, 경영권을 지키기 위해 소유한 주식이나 부동산을 처분해야 하는 경우도 생긴다. 이는 기업의 성장과 안정에 부정적인 영향을 미칠 수 있다.

그러나 홍콩은 이러한 세금 부담이 전혀 없다. 덕분에 홍콩 내 대기업들은 기업의 지속 가능성을 유지하며 세대 간 경영권 승계도 원활하게 이뤄지고 있다. 이러한 조세 제도는 자국 기업뿐만 아니라 해외 기업들에도 매력적인 요소가 되어, 홍콩이 세계적인 금융허브로 자리 잡는 데 중요한 역할을 한다. 세계 각국의 기업들은 이 세금 혜택을 활용하기 위해 홍콩으로 몰려들며, 이로 인해 홍콩은 기업들이 세금 부담 없이 안정적으로 사업을 운영할 수 있는 환경을 제공하고 있다.

낮은 법인세와 고정 환율제도(달러 페그제)

홍콩은 상속세와 증여세가 없는 것 외에도, 간단하고 낮은 법인세율 덕분에 기업들이 사업을 하기 좋은 환경을 제공한다. 홍콩의 법인세는 두 단계로 나뉜다. 연간 수익 200만 홍콩달러(HKD) 이하에는 8.25%의 세율이, 이를 초과하는 수익에는 16.5%의 세율이 적용된다. 예를 들어, 한 기업이 300만 홍콩달러(HKD)의 수익을 올리면, 처음 200만 홍콩달러에는 8.25%,

---

[15] 중앙일보, "삼성 일가, 상속세 마련 위해 20억 달러 규모의 주식 매각", 2023년 11월 6일.
  https://koreajoongangdaily.joins.com/news/2023-11-06/business/industry/Samsung-family-to-sell-2B-worth-of-shares-to-cover-inheritance-tax/1906691

나머지 100만 홍콩달러에는 16.5%의 세율이 적용된다. 이는 한국과 유사한 누진세 구조이지만, 세율 자체가 훨씬 낮다. 한국의 법인세 최고 세율이 24%이며, 독일과 일본이 약 30%를 적용하는 것에 비해 홍콩의 법인세는 기업들에게 세금 부담을 크게 줄여준다. 이러한 낮은 세율은 글로벌 기업들이 홍콩을 거점으로 선택하게 만드는 중요한 요인 중 하나이다.

또 다른 홍콩의 특징은 고정 환율제도, 즉 달러 페그제이다. 이는 홍콩달러(HKD)가 미국 달러(USD)에 고정된 환율로 유지되는 시스템을 의미한다. 1983년에 도입된 이 제도는 현재까지도 1 USD당 7.75 - 7.85 홍콩달러의 환율 범위 내에서 유지되고 있다. 이러한 안정적인 환율 덕분에, 홍콩은 환율 변동성에서 오는 리스크를 최소화할 수 있으며, 국제 거래와 투자에 매우 유리한 환경을 제공한다. 예를 들어, 다국적 기업들은 홍콩을 통해 쉽게 달러로 거래를 진행할 수 있어 비용과 불확실성을 줄일 수 있다.

물론 이 제도에는 한계도 있다. 달러 페그제를 유지하기 위해 홍콩은 독자적인 금리 정책을 펼치기 어렵다. 홍콩의 금리는 미국의 금리에 종속되기 때문에 미국이 금리를 인상하거나 인하할 때 홍콩은 자체적인 경제 상황과 상관없이 이를 따라가야 할 때가 있다. 또한, 이 제도를 유지하기 위해 홍콩은 충분한 외환보유고를 갖추어야 하는 부담도 따른다. 이는 변동환율제를 채택한 다른 나라와는 다르게 외환보유고 확보에 대한 추가적인 책임이 있음을 의미한다.

170개가 넘는 은행과 약 160개의 보험사

지금까지 살펴본 바와 같이, 홍콩의 금융 환경은 수많은 금융기관이 활발하게 운영될 수 있는 이상적인 조건을 갖추고 있다. 2024년 기준으로 홍콩에 등록된 은행만 176개에 달하며[16], 이 중 52개는 홍콩 자체에서 설립된 은행이고 나머지 124개는 외국계 은행이다. 홍콩이 아시아의 금융허브로 자리 잡은 이유 중 하나가 바로 이러한 금융기관의 다양성과 그들이 제공하는 폭넓은 금융 서비스다.

보험사도 예외가 아니다. 같은 해 기준으로 157개의 보험사가 홍콩에 등록되어 있어[17], 소비자들에게 다양한 선택지를 제공하고 있다. 낮은 세율, 고정환율제도, 그리고 강력한 금융 프라이버시 보호 등으로 인해 수많은 다국적 금융기관들이 홍콩을 본거지로 삼고 있는 것이다.

이처럼 홍콩의 금융 환경은 비록 인구는 서울보다 적고 땅도 작지만, 굉장히 발전된 모습이다. 처음 이 사실을 알게 되었을 때 상당한 충격을 받았다. 작은 면적에 불과한 홍콩이 어떻게 이렇게 많은 금융기관을 수용하며 또 그렇게 발전된 금융허브로 자리 잡을 수 있었는지 놀라웠다.

---

16 Hong Kong Monetary Authority, List of Licensed Banks, Restricted License Banks, and Deposit-taking Companies, August 31, 2024. https://www.hkma.gov.hk

17 Hong Kong Insurance Authority, Register of Insurers as at 26 July 2024. https://www.ia.org.hk

재테크가 어려운 홍콩의 부동산

홍콩의 금융 환경을 이해하려면 부동산에 대해 먼저 알아야 한다. 홍콩은 개인이 토지를 소유할 수 없는 독특한 구조로 모든 토지가 정부 소유이며 개인과 기업은 단지 임대할 수 있을 뿐이다. 일반적으로 50년의 임대기간이 주어지며 인구 밀도가 높은 데 반해 주택 공급이 제한적이다. 영화에서 본 홍콩의 아파트나 주택이 매우 좁고 빽빽한 구조를 띠는 이유도 여기에 있다. 이러한 이유로 인해 홍콩의 부동산 가격은 매우 높게 형성되어 있으며 특히 젊은 세대들은 주거 문제로 인해 큰 어려움을 겪고 있다.

홍콩을 처음 방문했을 때, 많은 가사도우미들이 주말에 돗자리를 펴고 공원이나 길거리에서 시간을 보내는 모습을 보고 신기해했다. 가이드에게 물어보니, 이들은 필리핀과 같은 동남아시아 출신으로 홍콩의 좁은 집에서 벗어나 바깥에서 휴식을 취하는 것이 주말의 주요 활동이라고 했다. 이러한 모습은 홍콩의 주거 여건이 삶에 미치는 영향을 직접적으로 보여주는 일화다.

홍콩 정부의 자료에 따르면[10], 2023년 홍콩섬 기준으로 1m^{2}당 임대료는 478 홍콩달러(HKD)로 10평 아파트에 거주할 경우 매달 약 270만 원에 달한다. 필자가 결혼 후 4년 동안 거주했던 임대아파트가 11평에 월 임대료 20만 원 정도였던 것을 생각하면 홍콩의 월세는 정말 비싸다는 것을 알 수 있다.

---

10 Rating and Valuation Department, Hong Kong Property Review 2024, Government of the Hong Kong Special Administrative Region, 2024. https://www.rvd.gov.hk

매매가는 더욱 충격적이다. 같은 지역에서 1m^{2}당 매매가는 149,061 홍콩달러로 10평 아파트를 매매할 경우 약 7억 6,300만 원이 필요하다. 게다가 홍콩의 부촌인 더 피크(The Peak) 지역에서는 3년 전 한 아파트가 경매에서 6억 3,900만 홍콩달러(HKD)에 팔렸는데[19], 이는 원화로 약 1,000억 원에 해당한다.

이처럼 홍콩의 부동산은 일반인들에게는 너무나도 비싼 선택지로 현실적으로 재테크 수단으로 삼기엔 어려운 환경이다. 또한 2023년 기준 홍콩의 최저시급이 40 홍콩달러(HKD)로[20], 원화로 약 6,800원에 불과하다는 점을 감안하면 많은 이들이 월 소득의 상당 부분을 임대료로 지출하고 있어 경제적 여유가 더 제한된다. 이러한 부동산 환경 때문에 홍콩 사람들은 자연스럽게 부동산이 아닌 금융상품에 눈을 돌리게 되었다.

홍콩의 현실에서 금융상품은 더 이상 선택이 아니라 필수일지도 모른다. 당신이 만약 홍콩에 살고 있다면, 재테크를 위해 과연 어떤 방법을 선택할 것인가? 홍콩의 부동산 환경에서 다른 대안이 절실할 것이다.

---

19 Mingtiandi, "Home at Hong Kong's Mount Nicholson Sells for Record $82M", January 6 2022.
    https://www.mingtiandi.com/real-estate/finance/home-at-hong-kongs-mount-nicholson-sells-for-record-82m/
    The Standard, "$639m Mount Nicholson Sale Sets New Asia Record", November 6, 2021.
    https://www.thestandard.com.hk/section-news/section/2/235877/$639m-Mount-Nicholson-sale-sets-new-Asia-record

20 Labour Department, "Statutory Minimum Wage", Government of the Hong Kong Special Administrative Region,
    https://www.labour.gov.hk/eng/news/mwo.htm

🎯 요약 및 핵심 포인트

● 영국의 금융 환경과 특징

영국은 FCA와 PRA 같은 강력한 규제 기관을 통해 금융 시스템의 공정성과 안정성을 유지하며, 런던은 세계적인 금융 허브로 자리잡고 있다. 특히, 로이드(Lloyd's of London)는 복잡한 위험을 인수하는 보험거래소로 글로벌 보험시장에서 독보적인 위치를 차지한다.

● 영국의 소비자 보호와 보험 시장

영국은 제판 분리 구조와 소비자 보호 제도를 통해 소비자 권리를 강력히 보호하며, 약 300개의 보험사가 유배당보험, 재해보험, 항공보험, 선박보험 등 다양한 상품을 제공하고 있다.

● 홍콩의 금융 환경과 특징

홍콩은 상속세와 증여세가 없고 낮은 법인세율과 고정환율제도로 국제 금융 허브로 성장했다. 170개 이상의 은행과 160개의 보험사가 홍콩에 등록되어 있는 만큼 금융 인프라가 매우 발달해 있다.

● 홍콩의 부동산 현실

높은 임대료와 부동산 가격으로 인해 일반적인 재테크 수단으로 부동산은 적합하지 않다. 대신 금융상품에 대한 관심과 수요가 높으며 이를 통해 금융허브로서의 역할을 강화하고 있다.

6-2. 홍콩의 금융 시스템

홍콩 역외보험, 소비자 보호는 불가능할까?

앞서 홍콩의 금융 환경을 살펴봤다면, 이제는 그들의 금융 시스템이 소비자 보호를 어떻게 다루는지 알아보려 한다. 글로벌 금융상품을 주변 지인들에게 소개했을 때 가장 많이 받았던 질문 중 하나는 "우리나라의 예금자 보호처럼 보호장치가 있느냐"였다. 이러한 질문은 매우 당연하면서도 중요한 관점이다.

결론부터 말하자면, 역외보험도 소비자 보호를 받을 수 있다. 단, 그 보호는 한국이 아닌 해당 보험이 가입된 국가의 법적 제도에 따라 이뤄진다. 역외보험은 외국의 법과 규제를 따르기 때문에, 한국의 예금자 보호 제도로 보호받을 수는 없다.

2020년 금융감독원에서 발표한 보도자료를 통해서도[21] 이런 점은 분명히 확인할 수 있다. 금융감독원은 "역외보험은 예금자 보호나 금융감독원의 민원, 분쟁조정 대상이 아니므로 소비자 보호 제도에 따른 보호를 받을 수 없다"고 명시했다. 정확히 이야기하면 한국의 법적 제도를 통해서는 보호받을 수 없지만, 해외의 법과 제도를 통해 충분히 보호받을 수 있다는 의미이다. 그러나 보도자료에서는 이러한 사실이 충분히 설명되지 않아 글로벌 금융상품에 대한 막연한 불안감만 조성된 것이 아쉬웠다.

---

[21] 금융감독원, "역외보험 가입을 권유받을 때 주의하세요! - 소비자경보(주의) 발령", 2020년.
https://www.fss.or.kr/fss/bbs/B0000188/list.do?menuNo=200218

그렇다면 이제부터는 홍콩의 소비자 보호 체계와 금융 시스템에 대해 자세히 설명해보겠다.

분할 감독 시스템

홍콩의 금융 시스템은 여러 금융기관별로 관리·감독 기관이 분리되어 운영된다. 은행은 홍콩 금융관리국(HKMA), 보험은 홍콩 보험감독국(IA), 증권과 선물 시장은 증권선물위원회(SFC), 퇴직연금은 홍콩 연금기금관리국(MPFA)이 각기 다른 감독을 맡고 있다. 이는 '분할 감독 모델'로 불리며, 홍콩 금융의 중요한 특징 중 하나이다.

이 모델의 장점은 크게 네 가지로 나눌 수 있다. 첫째, 전문성이 강화된다는 점이다. 각 감독 기관이 특정 금융 분야만을 집중적으로 다루기 때문에 각 분야에서 요구되는 전문성과 깊이가 더해진다. 예를 들어, 금융관리국은 은행 및 외환시장에 특화된 감독을, 보험감독국은 보험사에 특화된 규제를 진행함으로써 각기 다른 금융리스크를 보다 효과적으로 관리할 수 있다.

둘째, 리스크관리의 효율성이다. 금융시장은 분야별로 상이한 리스크가 존재하는데, 분리된 감독 기관이 각각 다른 맞춤형 규제를 적용함으로써 이러한 리스크를 보다 효율적으로 관리할 수 있다.

셋째, 독립성과 투명성을 높인다. 각 금융 부문이 별도의 감독 기관 아래 있기 때문에, 특정 금융기관이 과도한 영향력을 행사하거나 이해 상충 문제가 발생할 가능성이 낮다. 예를 들어, 홍콩 보험감독국은 보험업만을 감독하기 때문에 은행 부문의 압력에 영향받지 않고 독립적인 결정을 내릴 수 있다. 이는 금융 시장의 공정성과 신뢰성을 높이는 중요한 요소다.

넷째, 빠른 대응력이다. 각 감독 기관이 해당 금융 부문에 맞는 규제와 정책을 신속하게 도입할 수 있어 시장 변화에 민첩하게 대응할 수 있다. 예를 들어, 증권 시장에 문제가 발생하면 SFC가 즉각적으로 조치를 취하고 보험 문제는 IA에서 신속히 대응하는 방식으로 유연한 규제 환경을 제공한다.

마지막으로, 국제 규제 기준을 준수할 수 있다는 점도 중요하다. 각 부문이 국제적인 규제 기준을 충족함으로써, 글로벌 시장과의 연결성을 강화할 수 있다. 예를 들어, 바젤Ⅲ[22]는 은행업에 적용되는 국제 규제 기준으로, IAIS(국제보험감독관협회)[23]는 보험업에 맞는 규제 기준을 제공한다. 이러한 국제 기준 준수 덕분에, 홍콩은 글로벌 금융시장과의 연결성을 더욱 강화하고 있다.

반면, 한국은 금융감독원(Financial Supervisory Service, FSS)이 은행, 보험, 증권, 카드사 등을 통합적으로 관리하는 시스템을 갖추고 있다. 이는 금융 부문 전체를 통합적으로 관리할 수 있어 일관성과 효율성을 높일 수 있는 장점이 있다. 그러나 홍콩의 분할 감독 시스템에 비해 각 부문별 전문성 및 독립성에서 차이가 있을 수 있다.

---

22 은행의 안정성을 높이기 위한 국제적인 금융 규제 기준.
    Basel Committee on Banking Supervision (BCBS), Basel III Framework, 2011.
23 보험사의 재무 건전성, 소비자 보호, 글로벌 보험 산업의 안정성을 보장하기 위한 국제 보험 감독 기준.
    International Association of Insurance Supervisors (IAIS), Insurance Core Principles, 2019.

두 시스템을 비교해보니, 홍콩이 어떻게 금융허브로 성장할 수 있었는지 이해할 수 있었다. 두 시스템 중 어떤 것이 더 적합한지는 각 국가의 환경과 금융 목표에 따라 달라질 것이다.

홍콩 보험감독국(IA)과 소비자 보호 시스템(Levy)

홍콩 보험감독국(Insurance Authority, IA)은 홍콩 내에서 활동하는 모든 보험사의 감독과 규제를 담당하는 독립적인 기관으로, 소비자 보호에 매우 철저한 시스템을 가지고 있다. 금융의 허브인 만큼, 홍콩에서 보험상품을 판매하려는 해외 보험사들은 까다로운 절차와 엄격한 규제를 통과해야만 한다. 이는 보험사가 단순히 사업을 영위하는 것을 넘어서, 소비자 보호를 우선시하는 정책 때문이다.

보험사가 라이센스를 취득하려면 여러 조건을 충족해야 한다. 여기에는 자본 요건 유지, 경영 투명성, 리스크관리 체계 구축, 준법 감시 및 내부 통제, 그리고 보험상품의 안정성과 공정성을 입증하는 등의 요건이 포함된다. 라이센스를 취득한 후에도 보험사는 정기적인 재무 보고서와 경영 상태를 IA에 제출해야 하며, 지속적인 모니터링을 받게 된다. 자세한 라이센스 취득 요건은 홍콩 보험감독국(IA)의 공식 홈페이지에서도 확인할 수 있다[24].

라이센스 취득이 얼마나 까다로운지 사례를 하나 공유하면, 홍콩에서 B2B(기업 간의 거래)를 주로 해오던 모 보험사는 경쟁력을 강화하고자

---

[24] Hong Kong Insurance Authority, "Licensing and Registration Requirements for Insurers", 2024, https://www.ia.org.hk

B2C(기업과 소비자 간의 거래) 시장으로 진출하려 했으나, 홍콩의 까다로운 라이센스 규정으로 인해 상당한 시간이 소요되어 굉장히 애를 먹었다고 한다.

홍콩의 금융 시스템 중 소비자 보호와 관련된 중요한 요소는 "Levy" 정책이다. 보험에 가입한 소비자들은 일정 금액의 수수료를 납부하며, 이 금액은 IA의 운영비로 사용된다. 2021년 4월 1일부터는 연 보험료의 0.1%를 부과하며, 저축플랜(Saving Plan)의 경우 최대 100 홍콩달러(HKD)가 상한선이다. 원화로 환산하면 약 1만 원 후반대에 해당하는 이 비용은 비교적 저렴하다고 할 수 있다.

IA는 소비자들이 납부하는 Levy를 통해 운영되며, 이를 통해 공정성과 독립성을 유지한다. 정부로부터의 직접적인 재원 없이 운영되는 만큼, IA는 소비자들의 권익 보호에 더욱 집중할 수 있는 환경을 갖추고 있다. 이는 IA가 소비자의 요구에 민감하게 반응하고, 더 나아가 투명성과 공정성을 강화하는 중요한 기제로 작용한다[25].

그렇다면 반대로 한국의 금융 시스템은 어떻게 운영되고 있을까? 앞서 설명한 금융감독원(FSS)은 보험, 은행, 증권, 카드사 등 다양한 금융기관을 통합적으로 감독하는 기관이다. 흥미로운 점은 금융감독원이 정부 기관이 아닌 반민반관(半民半官) 조직이며 특수 법인 형태로 운영된다는 사실이다. 정

---

[25] Insurance Authority, "Insurance Authority Levy", 2024.
https://www.ia.org.hk/en/infocenter/faqs/faqs_levy.html

부의 감독을 받기는 하지만, 운영비는 금융사들이 납부하는 분담금으로 충당된다[26]. 그런데 문제는 금융사들로부터 거둬들이는 감독 분담금은 2018년부터 5년간 전체 예산의 평균 75.35%를 차지하고 있다는 사실이다[27].

이 문제는 금감원이 금융사들이 내는 분담금에 의존하는 비중이 높을수록, 금융사에 대한 감독이 덜 엄격해질 수 있다는 우려를 낳고 있다. 금감원은 국민의 자산을 보호하고 금융업을 철저히 감독하는 임무를 가지고 있지만 감독의 칼날이 무뎌질 가능성이 있는 것이다.

반면에, IA는 소비자들에게 직접적으로 Levy라는 운영비를 부담시키는 시스템을 통해 운영된다. 이 구조는 IA가 소비자와의 연결성을 강화하고 소비자의 이익을 최우선으로 고려하는 책임감을 갖게 만든다. 즉, IA는 소비자 보호에 더욱 적극적으로 나설 수밖에 없다.

결론적으로, 소비자 보호의 투명성과 독립성 측면에서 홍콩의 Levy 시스템은 소비자와 더 밀접한 관계를 형성하고 있어 홍콩의 시스템이 보다 효과적일 수 있다. IA는 소비자들의 자금으로 운영되기 때문에, 자연스럽게 소비자 보호에 더 많은 관심을 기울일 수밖에 없는 구조를 가지고 있는 것이다.

---

26 금융위원회, "금융감독원 운영을 위한 금융기관 분담금 부과제도 개선", 2021년 5월 18일.
https://www.korea.kr/briefing/pressReleaseView.do?newsId=156452394
https://www.fsc.go.kr
27 뉴시스, "금감원 예산 75%는 금융사 분담금…지난해 336억 돌려줘", 2022년 10월 9일.
김병욱 의원실이 금융감독원으로부터 받은 '최근 5년간 감독 부담금 현황' 자료 포함
https://n.news.naver.com/mnews/article/003/0011449588?sid=101

장기보험 인수 지침(GN16, Guidance Note 16)

홍콩의 금융 시스템에서 소비자 보호와 관련된 가장 중요한 지침 중 하나는 GN16이다.[28] GN16은 2015년 7월 30일에 발표된 규제 지침으로, 장기 보험 상품의 공정한 판매와 고객 보호를 목표로 도입되었다. 이는 특히 유배당보험과 같은 상품에서 고객들이 배당을 제대로 받을 수 있는지를 감독하는 중요한 역할을 한다.

GN16 도입의 배경에는 글로벌 보험 규제 동향의 영향이 있었다. 국제보험감독자협회(IAIS)가 제시한 "보험 핵심 원칙"에서는 공정한 고객 대우와 가입자 보호를 강조하며, 각국이 이를 준수하도록 권장했는데 홍콩 역시 이 원칙을 반영하여 GN16을 도입하게 되었다.

GN16의 주요 역할은 보험사들이 소비자와의 약속을 지키도록 감독하는 것이다. 유배당보험의 경우, 가입 설계서에서 약속된 비보장 혜택(배당금)이 실제로 이행되는지를 지속적으로 확인한다. 또한 배당이 한 번 확정되면 이를 취소하거나 수정할 수 없도록 규정해 소비자에게 예측 가능성과 안정성을 제공한다.

GN16 도입 이전에는 보험사와 소비자 간의 신뢰를 저해하는 문제가 있었다. 보험사들이 약속한 배당을 제대로 이행하지 않거나, 가입 설계서에

---

[28] Asia Insurance Review, "홍콩의 GN16: 고객 보호의 중요한 이정표"
https://www.asiainsurancereview.com/Magazine/ReadMagazineArticle?aid=37184
Conventus Law, "홍콩 장기 보험 인수 지침"
https://conventuslaw.com/report/hong-kong-guidance-note-on-underwriting-long-term/

서 명시된 조건이 실제로 지켜지지 않는 사례가 자주 발생했다. 또한 보험사와 중개인 간의 불투명한 수수료 구조와 과장된 수익 예측으로 인해 소비자들이 피해를 보는 경우가 많았다.

그러나 GN16이 도입되면서 이러한 문제가 해결되었다. 보험사들은 더 이상 모호한 약속을 할 수 없게 되었고, 지급이행률 공시제도가 생기면서 약속한 배당이 잘 지급되는지에 대해 엄격한 감독을 받게 되었다. 만약 배당에 대한 약속이 지속적으로 지켜지지 않을 경우 보험계리사와 보험사는 홍콩 보험감독국에 의해 제재를 받을 수도 있다.

결과적으로, GN16과 지급이행률 공시제도는 홍콩 금융 시스템 내에서 소비자가 공정한 대우를 받고, 투명한 거래 환경 속에서 보험상품을 이용할 수 있도록 보장하는 중요한 소비자 보호장치이다.

한국의 예금자 보호 vs 지급이행률 공시제도

연 복리 6~7%의 배당을 제공하는 유배당 달러 저축보험(Saving Plan)을 지인들에게 소개했을 때 가장 많이 받았던 질문 중 하나는 보험사가 파산하거나 문제가 생겼을 때 보호받을 수 있는 제도적 장치가 있는지였다. 이는 금융상품에 가입하는 누구나 당연히 고려해야 할 질문이다.

한국에는 대표적인 예금자 보호 제도가 존재한다. 예금보험공사가 주관하는 이 제도는 금융기관별로 최대 5천만 원까지 예금자를 보호한다.

(2025년 중 1억 원으로 상향 예정) 예를 들어, A 은행에 2개의 계좌를 두고 각각 5천만 원을 예치한 경우, 예금자 보호 한도인 5천만 원만 보호받을 수 있다. 이는 A 은행이라는 하나의 금융기관에 총 1억 원이 예치되었을 때, 나머지 5천만 원은 보호를 받을 수 없다는 뜻이다.

홍콩 역시 예금자 보호제도를 운영 중이다. 현재 홍콩의 예금 보호 한도는 2024년 10월 1일부터 HK$800,000 (약 1억 3천 4백만 원)이며 홍콩의 예금자 보호 한도는 한국에 비해 높은 편이다.

한편, 홍콩의 지급이행률 공시제도는 유배당보험에 가입한 고객들이 약속된 배당을 받을 수 있는지를 확인할 수 있는 중요한 보호장치다. 이 제도에 따라 보험사는 가입 당시 약속한 배당 이행률을 매년 공시해야 하며, 소비자들은 이를 통해 보험사가 실제로 약속한 배당을 이행했는지 투명하게 확인할 수 있다. 이는 한국의 변액보험 펀드 수익률을 공시하는 것과 비슷하지만 배당 이행 여부가 소비자의 중요한 권리로 보호된다는 점에서 홍콩의 공시제도는 더욱 특별하다고 할 수 있다.

지급이행률 공시제도 도입 전에는 약 160여 개의 보험사들이 고객 유치를 위해 비현실적인 배당률을 제시하는 일이 많았다. 그러나 고객들은 배당 이행률을 확인할 방법이 없어 보험사가 제시한 배당을 100% 받지 못하는 상황이 발생하곤 했다. 그러나 공시제도 도입 이후에는 고객이 보험사의 배당 이행률을 직접 확인할 수 있어 소비자 보호가 크게 강화되었다.

이 제도를 이해하기 위해 쉬운 예를 들어보겠다. 많은 보험사나 통신사에서는 신규고객을 유치하기 위해 강력한 마케팅과 프로모션을 진행한다. 하지만 그보다 더 중요한 것은 기존고객을 관리하고 유지하는 것이다. 보험사들이 고객의 해약을 방어하거나 통신사들이 기존고객에게 추가 할인을 제공하며 이탈을 방지하려는 이유가 바로 여기에 있다. 한 번 이탈한 고객을 다시 유치하기란 어렵기 때문에 기존고객을 만족시키는 것이 무엇보다 중요하다.

이를 홍콩의 보험사에 적용해보자. 한국의 삼성과 같이 홍콩에서 브랜드파워가 높은 대형 보험사가 만약 100%의 배당 이행률을 지키지 않고 50~60%만 이행한다면, 다음 해 이 회사의 매출은 어떻게 될까? 신규고객 유치가 어려울 것이며 기존고객들의 해약도 크게 증가할 것이다. 이렇듯 브랜드파워가 클수록 배당 이행률의 미준수는 신뢰에 큰 타격을 입히며 이는 장기적으로 매출과 시장에서의 입지에도 큰 영향을 미칠 수밖에 없다.

홍콩 보험사의 배당 이행률이 100%에 맞춰지는 이유는 바로 이런 맥락에서 이해할 수 있다. 지급이행률 공시제도 도입 이후 홍콩 보험사들은 무슨 일이 생겨도 100%를 이행할 수 있는 범위 내에서 배당률을 설정하기 시작했고 이로 인해 연 복리 6~7%의 배당이 기본값처럼 자리 잡았다. 한국에서 보기 힘든 배당률이지만, 홍콩에서는 투명한 공시제도를 통해 이와 같은 높은 배당률이 유지되고 있다.

게다가 한 가지 더 첨언하자면, 앞서 홍콩은 부동산으로 재테크가 불가능한 환경이라고 말했다. 그렇기에 홍콩 사람들은 그 누구보다 금융에 대해 민감하다. 금융상품이 어떻게 보면 내 노후의 전부인데 수익률이 낮거나 불확실하다면 당연히 외면할 수밖에 없을 것이다.

또 하나 지급이행률 공시제도의 장점은 예금자 보호 한도가 정해져 있는 한국과 달리 보호 한도가 없다는 점이다. 홍콩의 유배당 달러 저축보험은 금액에 상관없이 보호되기 때문에 납입금액이 1억 원이든 10억 원이든 전액 보호 대상이다. 이러한 점에서 홍콩의 지급이행률 공시제도는 예금자 보호와는 다른 방식으로 고객에게 안정성과 예측 가능성을 제공하며 신뢰할 수 있는 보험 환경을 조성하는 데 큰 기여를 한다.

스무딩 기법과 안정적인 배당 구조

지금까지 홍콩의 Levy 정책, 장기보험 인수 지침, 지급이행률 공시제도까지 설명을 했는데 그럼에도 불구하고 연 복리 6~7%의 배당을 어떻게 매년 지킬 수 있는지 궁금할 수 있다. 외국 보험사들이 연 복리 6~7%의 안정적인 배당을 제공하는 방법은 여러 가지 요인이 있지만 그 중 하나는 바로 "스무딩(Smoothing) 기법"이다.

스무딩 기법은 배당 수익의 급격한 변동을 줄이고 일정한 배당을 유지하기 위해 보험사들이 사용하는 방법이다. 보험사는 고객이 납입한 보험료를 주식, 채권, 부동산 등의 자산에 투자한다. 이러한 투자는 경제 상황에 따라 수익률이 크게 달라질 수 있어 어떤 해에는 평균보다 높은 수익률을, 또 어떤 해에는 손실을 볼 수 있다.

이때 스무딩 기법을 활용하여 수익률이 높은 해에는 모든 수익을 바로 배당하지 않고 일부를 비축해 둔다. 반대로 수익률이 낮거나 손실이 발생한 해에는 미리 비축해 두었던 수익금을 활용하여 고객에게 안정적인 배당을 제공한다. 이렇게 하면 보험사는 연 복리 6~7%의 일정한 배당률을 유지할 수 있다.

예를 들어, 쉬운 이해를 위해 우측의 그래프를 보자. 파란색 선(Unsmoothed payout)은 자산의 실제 수익률에 따라 급격히 변동하는 모습을 보여준다. 반면에 주황색 선(Smoothed payout)은 이러한 변동을 줄여 안정적인 배당을 제공하는 모습을 보여준다. 즉, 스무딩 기법을 통해 자산의 변동성을 억제하고 일정한 배당을 유지하는 것이 가능하다.

홍콩의 많은 보험사들은 이 기법을 통해 시장 변동성에 큰 영향을 받지 않고도 연 복리 6~7%의 안정적인 배당을 제공하고 있다. 이는 고객이 장기적으로 자산을 안전하게 운용하며 금융시장의 급격한 변화에 따른 위험을 줄이는 데 큰 도움이 된다. 특히, 스무딩 기법을 통해 고객은 예측 가능한 수익을 기대할 수 있어 장기적인 재정 계획을 세우는 데 유리하다.

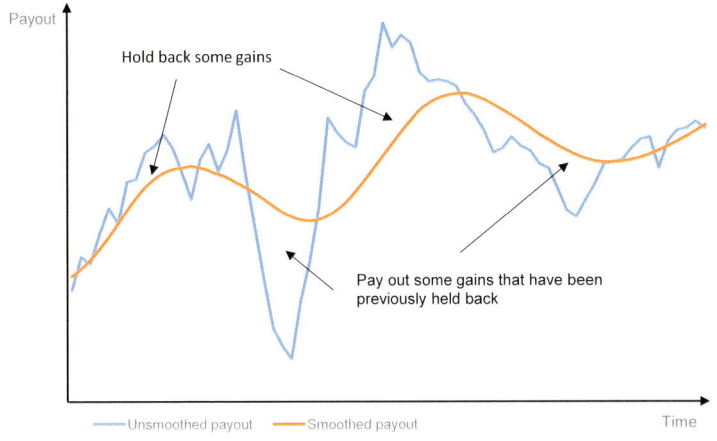

제판 분리 구조와 IFA 판매 모델

홍콩의 금융 시스템을 공부하면서 한국과는 다른 특이한 구조가 있다는 것을 알게 되었다. 바로 '제판 분리' 구조이다. 제판 분리란 상품의 개발(제조)과 판매를 분리하는 것으로 이는 소비자에게 더욱 경쟁력 있는 상품과 서비스를 제공하기 위해 고안된 구조이다.

한국에서는 대부분의 보험사가 상품의 개발, 마케팅, 그리고 판매까지 직접 담당하는 일원화된 구조를 채택하고 있다. 즉, 하나의 보험사가 상품을 기획하고 홍보하며 소비자에게 판매하는 모든 과정을 총괄한다. 이러한 통합적 관리 구조는 빠른 의사결정과 신속한 상품 출시에는 유리할 수 있지만 다양한 상품 중에서 소비자에게 최적의 선택을 제공하기에는 한계가 있다. 보험사가 모든 과정을 관리하기 때문에 상품의 다양성과 선택의 폭이 제한될 수 있으며 결과적으로 시장의 경쟁도 약화될 우려가 있다.

반면, 홍콩의 금융 시스템은 제판 분리 구조를 통해 소비자에게 더욱 폭넓은 선택권을 제공한다. 여기서 보험사는 상품 개발에만 매진하고 실제 판매는 독립적인 금융 자문사들(IFA, Independent Financial Advisor)에 의해 이뤄진다. IFA는 특정 보험사에 종속되지 않고 다양한 보험상품을 비교하여 고객에게 가장 적합한 상품을 추천하는 역할을 담당한다. 이를 통해 독립적이고 객관적인 시각에서 소비자에게 최상의 선택을 제공할 수 있다.

이러한 구조에서는 보험사들도 경쟁적으로 더 나은 상품을 개발해야 한다. 왜냐하면, IFA들이 소비자에게 추천하는 상품이 곧 판매로 이어지기 때문이다. 제판 분리 구조 덕분에 보험사들은 혁신적이고 차별화된 상품 개발에 집중하고 IFA들은 소비자와의 접점에서 다양한 선택지를 비교 분석하여 최적의 상품을 추천할 수 있다. 이는 소비자 중심의 경쟁 환경을 조성하여 금융상품의 질적 향상을 유도하는 선순환 구조를 만들어낸다.

결론적으로, 홍콩의 제판 분리 구조는 보험사와 판매사가 각자의 전문성을 극대화함으로써 소비자에게 더 나은 상품과 서비스를 제공하는 데 기여한다. 이러한 구조는 금융 선진국 홍콩이 소비자 중심의 금융 환경을 형성하고 보험시장의 발전을 도모하는 데 중요한 역할을 하고 있다.

홍콩 금융의 단점과 위험성

지금까지 홍콩의 금융 환경과 시스템에 대해서 필자가 알게 되었고 공부했던 것을 정리해보았다. 홍콩은 아시아의 금융 허브로써 견고한 중심을 지니고 있지만, 그와 동시에 정치적 경제적 위험성도 존재한다.

첫 번째, 정치적 불안정성이다. 홍콩은 최근 몇 년간 중국과의 정치적 긴장 및 민주화 시위 등으로 인해 정치적 불안 요소가 지속되고 있다. 특히 2019년 반정부 시위와 2020년 국가보안법 시행 이후, 국제 사회에서는 홍콩의 자치권이 약화되고 있다는 우려가 커졌다. 이러한 정치적 불안정성은 홍콩의 금융 시스템에 대한 불확실성을 키우며, 외국인 투자자들에게 리스크로 작용할 수 있다.

두 번째, 중국의 영향력 증가이다. 홍콩은 법적으로 "일국양제(一國兩制)" 원칙을 따르고 있지만, 최근 중국의 영향력이 강화되면서 법적 자율성에 대한 우려도 증가하고 있다. 중국 정부가 홍콩의 금융 시스템에 직접 개입할 가능성 역시 존재하며 이는 금융시장의 안정성에 불안 요소로 작용할 수 있다. 이러한 상황은 투자자들이 홍콩 금융의 미래에 대해 염려하게 만들기도 한다.

세 번째, 경제적 의존성과 부동산 시장의 과열이다. 홍콩은 경제적으로 중국에 크게 의존하고 있다. 만약 중국 경제에 큰 변화나 위기가 발생할 경우 홍콩 역시 큰 영향을 받을 수 있다. 이는 외부 투자자들에게 리스크로 작용할 수 있다. 또한 홍콩의 부동산 가격은 세계에서 가장 높은 수준에 속하며 부동산 버블에 대한 우려가 있다. 이러한 부동산 시장의 불안정성은 금융시장 전반에도 악영향을 미칠 수 있는 잠재적 위험 요소다.

네 번째, 자본 유출 위험이다. 홍콩의 정치적 불안정성과 관련된 사건들이 발생하면 해외자본이 빠르게 유출될 가능성도 있다. 정치적 사건이 발생할 경우 외국인 투자자들이 자산을 회수하려 할 수 있으며 이는 홍콩 금융시장의 안정성을 흔들 수 있는 요인으로 작용한다.

이렇게 4가지 정도의 단점과 위험성에 대해 살펴보았다. 겉으로 보았을 때 정치적 불안정성이 존재하지만, 홍콩은 여전히 강력한 금융 인프라와 자산 보호 시스템을 갖추고 있다. 중국 역시 홍콩을 중요한 역외 금융 허브로 인정하고 있으며 실제로 자금을 조달하거나 해외로 자금을 보내는 데 있어 홍콩을 활용하고 있다. 이는 홍콩의 금융 역할이 정치적인 이유로 없어질 가능성이 상당히 낮음을 의미한다. 게다가 만약 홍콩 금융 시스템이 심각하게 위험했다면 이미 수많은 글로벌 은행과 보험사들이 홍콩을 철수했을 것이다. 그러나 현재까지도 수많은 글로벌 금융기관들이 홍콩에 남아 있다는 것은 홍콩이 금융허브로써의 지위가 여전히 견고하다는 것을 보여준다. 그리고 걱정하지 않아도 되는 부분은 홍콩에 라이센스를 허가받아 홍콩에서 사업을 하고 있을 뿐 그 뿌리가 영국, 미국, 캐나다, 프랑스, 이탈리아 등 외국 보험사들도 많다는 점이다. 원수사들은 홍콩에 있지 않기 때문에 이 부분도 크게 우려할 점은 아니라고 생각한다.

🎯 요약 및 핵심 포인트

● 역외보험의 소비자 보호

   한국에서 홍콩 역외보험을 가입한 소비자는 한국의 예금자 보호와 같은 제도를 적용받지 않지만, 해당 국가의 법과 제도로 보호받을 수 있다. 홍콩은 소비자 보호를 위해 철저한 규제와 감독 체계를 갖추고 있다.

● 홍콩의 분할 감독 모델

   홍콩은 은행, 보험, 증권 등 금융 부문별로 독립된 감독 기관을 통해 관리하는 분할 감독 모델을 채택하고 있다. 이를 통해 금융 부문별로 전문성 강화, 리스크관리 효율성, 감독의 독립성, 유연한 대응력을 높이고 있다.

● 홍콩 보험감독국(IA)와 Levy 정책

   홍콩 보험감독국은 Levy라는 소비자 수수료를 통해 운영되며 소비자 보호와 감독의 독립성을 보장한다. 이 구조는 소비자의 이익을 최우선으로 고려하는 시스템을 유지하는 데 기여하고 있다.

● GN16(장기보험 인수 지침)의 소비자 보호 역할

   홍콩의 GN16은 소비자가 공정한 거래를 경험할 수 있도록 보험사의 배당 이행 여부를 엄격히 관리하며 배당 약속의 이행을 보장하는 소비자 보호 지침으로 작용하고 있다.

● 홍콩과 한국의 금융 시스템 비교

　홍콩의 분할 감독 모델은 각 부문별로 국제 규제를 준수하며 전문성을 발휘할 수 있는 반면, 한국의 통합 관리 시스템은 금융 부문 전반에 대한 일관된 관리와 감독의 효율성을 제공한다.

● 스무딩(Smoothing) 기법을 통한 안정적 배당

　홍콩 보험사들은 스무딩 기법을 통해 연 복리 6~7%의 안정적인 배당을 제공하며 이는 수익의 변동성을 조정해 장기적인 재정 안정성을 확보하는 데 유리하다.

● 제판 분리 구조의 장점

　홍콩은 보험상품 개발과 판매를 분리하는 제판 분리 구조를 채택하여 소비자에게 독립적이고 객관적인 시각에서 최적의 상품을 추천할 수 있게 하고 경쟁을 촉진하여 더 나은 상품과 서비스를 제공한다.

● 홍콩 금융의 위험 요소

　홍콩은 정치적 불안정성, 중국의 영향력, 경제적 의존성, 부동산 과열 및 자본 유출 위험 등의 단점이 있지만, 중국이 홍콩을 중요한 역외 금융 허브로 인정하고 자금을 활용하는 점 그리고 여전히 수많은 글로벌 금융기관들이 홍콩에 남아 있는 점에서 홍콩 금융 시스템의 견고함을 확인할 수 있다.

4

글로벌 금융상품의
매력과 선택 기준

7. 우리나라에는 없는 글로벌 금융상품의 독특한 기능

드디어 글로벌 금융상품을 소개하는 순서가 와서 매우 설레고 기쁘다. 필자는 사실 이 순간을 매우 기다려왔다. 다만 앞서 말했듯이 금융제도 법규상 상품명과 회사 이름은 밝힐 수 없다는 점 미리 양해 부탁드린다. 이 책은 한국에서는 경험할 수 없는 글로벌 금융시장과 금융상품을 소개하는 데 초점을 맞췄기 때문에 구체적인 상품 내용보다는 기능과 컨셉 정도만 설명할 예정이다. 보다 상세한 내용은 필자의 블로그를 통해 확인할 수 있다.

7-1. 선이자(배당)를 주는 월 적립식 펀드

이 상품은 필자에게 매우 애착이 가는 상품이다. 처음으로 가입했던 금융상품이자 글로벌 금융시장에 대해 알게 해준 상품이기 때문이다. 처음엔 변액보험처럼 펀드로 수익을 내는 상품으로 소개받았고 특히 납입구간에 따라 선이자(배당)를 준다는 설명이 굉장히 신선하게 느껴졌다. 한국의 변액보험은 일반적으로 선취수수료로 사업비를 먼저 차감하고 남은 금액이 펀드로 투입된다. 예를 들어, 월 10만 원에 가입했고 사업비가 10%라면 1만 원이 차감된 9만 원이 펀드로 투입된다. 이렇게 원금이 전부 투입되지 않기 때문에 수익이 빠르게 나기 위해서는 시간이 필요하고 펀드 운용이 잘 돼야 한다.

하지만 이 상품은 납입할 때마다 선이자를 주기 때문에 사업비 부분을 충분히 상쇄할 수 있는 큰 이점이 있다. 또한, 1년 기준 최대 3년 치의 납입분을 선납할 수 있다. 만약 3년 치 즉 36개월분을 한 번에 내면 그 금액에 대한 선이자(배당)도 한 번에 받을 수 있어 수익의 극대화가 가능하다. 그렇다면 얼마를 낼 때 선이자(배당)를 주는지, 최대 얼마의 이자를 받을 수 있는지 살펴보자.

● 가입금액에 따른 선이자 비율

연간 투자 금액	배당률
달러/유로/파운드 1,200 - 1,799	100%
달러/유로/파운드 1,800 - 3,599	101%
달러/유로/파운드 3,600 - 5,399	102%
달러/유로/파운드 5,400 - 7,199	103%
달러/유로/파운드 7,200 - 13,499	104%
달러/유로/파운드 13,500 이상	105%

이 상품은 달러, 유로, 파운드 중 원하는 통화를 선택할 수 있다. 여기서는 달러 기준으로 설명하겠다. 위 선이자 비율은 연간 납입금액 기준이므로 월로 환산해보면 다음과 같다.

월 $100 ~ $149　**0%**

월 $150 ~ $299　**1%**

월 $300 ~ $449　**2%**

월 $450 ~ $599　**3%**

월 $600 ~ $1124　**4%**

월 $1,125~　**5%**

최소 월 납입금액은 $100부터 가능하다. 하지만 아쉽게도 $100 ~ $149 구간에는 선이자(배당)가 없다. 최소 1%부터 최대 5%까지 선이자를 받을 수 있다. 정확하게 어떤 방식으로 이자를 받는지 쉽게 설명해보겠다. 예를 들어, 월 $1,200으로 가입한다고 가정하면 $1,200의 5%는 $60이다. 즉, 매달 $1,200을 내지만 $1,260씩 적립되는 셈이다. $60이면 환율이 1,300원 ~ 1,400원일 때 약 7.8만 ~ 8.4만 원에 해당한다.

여기까지 설명을 듣고 나면, 필자가 처음 그랬던 것처럼 사막에서 오아시스를 발견한 기분이 들 수도 있고, '말도 안 돼! 어떻게 이런 상품이 있을 수 있어?'라는 반응이 나올 수도 있다. 그래서 이 상품의 구조를 조금 더 쉽게 이해할 수 있도록 한국의 비슷한 정책을 비유로 설명하겠다.

청년재직자 내일채움공제와 청년도약계좌

이자를 주는 이와 비슷한 정책은 한국에도 크게 두 가지가 있다. 먼저 2018년에 시행되었던 청년재직자 내일채움공제가 있다. 만 15세 이상 34세 이하, 6개월 이상 재직 중인 정규직 근로자와 기업, 정부가 공동으로 적립한 공제금을 가입 기간(5년)에 따라 장기 재직한 청년 근로자에게 성과보상금 형태로 지급하는 금융 상품이다. 청년은 월 12만 원씩 5년간 720만 원을 적립하면 기업은 5년간 1,200만 원을 적립해주고 정부는 3년간 1,080만 원을 적립해 총 3천만 원의 자산을 형성해준다. 다만, 2021년 6월에 이 제도의 신규 가입이 종료되었고 청년도약계좌 지원제도가 뒤이어 탄생했다.

청년도약계좌는 만 19-34세여야 하고 소득 기준에 적합하면 가입할 수 있다. 납입금액은 1천 원부터 70만 원까지 매월 자유롭게 납입 가능하며, 기본금리는 3.8-4.5%, 3년 고정금리, 이후 2년은 변동금리로 운용된다. 은행별로 기본금리와 우대금리가 다르기 때문에, 내게 가장 유리한 은행을 선택할 수 있다. 여기까지는 일반적인 은행의 적금상품과 비슷하다.

한 가지 다른 점은 개인 소득별로 정부 기여금을 얹어준다는 점이다. 납입금액에 비례해 소득 구간별로 정부 기여금을 지원해준다. 소득 기준에 따라 최소 3.0%에서 최대 6.0%의 기여금을 지급하는데, 총 급여액 2,400만 원 이하 가입자의 경우 기여금 적용 한도인 월 40만 원으로 적립한다고 가정하면, 납입금액 40만 원의 6%인 24,000원의 기여금을 지급받는다. 물론 이 정책들은 특정 연령대만 가입할 수 있다는 점과 기한이 존재한다는 점 게다가 은행 금리로 운용된다는 한계도 존재한다.

글로벌 자산운용사에 내 돈을 맡겨야 하는 이유

이 상품의 두 번째 특징은 전 세계 상위권에 속하는 글로벌 자산운용사가 내 돈을 불려준다는 점이다. 이 상품은 월 적립식 펀드이다. 내가 낸 돈에 선이자를 얹어주고 그 상태에서 전문가가 내 돈을 운용해준다. 그렇다면 내 돈을 잘 불려줄 실력이 있는지가 핵심이다. 실력을 보려면 무엇을 확인해야 할까? 자산을 불려본 기간, 운용 중인 자산의 규모, 운용 능력(전문성) 등이 있을 것이다. 이 회사에서 선정한 글로벌 자산운용사의 이름 몇 개를 언급해보겠다.

구분	설립일	자산 운용 규모
BlackRock (IShares)	1988년	$11.5조 (약 1경 5,851조 원)
J.P Morgan	1988년	$3.3조 (약 4,548조 원)
PIMCO	1971년	$ 2.01조 (약 2,760조 원)
Franklin Templeton	1947년	$1.65조 (약 2,274조 원)
Morgan Stanley	1935년	$1.5조 (약 2,067조 원)
Schroders	1804년	$9,781억 (약 1,348조 원)
Aliance Bernstein	1967년	$8,060억 (약 1,111조 원)

자산 운용 규모를 보니 원화 기준 억대는 보이지도 않고 '조' 단위가 기본이다. 심지어 전 세계 1등 자산운용사라고 불리는 BlackRock(블랙록)의 자산운용규모는 무려 1경이다. 그런데 이 분야에 관심이 없는 경우 이렇게만 보면 이 회사들이 얼마나 대단한 회사들인지 감 잡기가 어려울 수 있다. 그래서 한국의 자산운용사와 비교해보겠다.

현재 한국에서 가장 큰 자산운용사는 미래에셋자산운용으로, 1997년에 설립되었으며 2024년 9월 기준 약 360조 원 (약 2,754억 달러)의 자산을 운용하고 있다. 이 회사의 자산운용규모도 절대 작은 것은 아니지만, 글로벌 운용사들과는 비교가 되지 않는 수준이라는 걸 확인할 수 있다.

자산운용사의 실력은 투자 성과, 위험 관리 능력, 투자 타이밍, 포트폴리오 다각화 등 여러 가지 요소로 평가할 수 있는데 이 상품에서 선정된 위와 같은 자산운용사들은 이미 그런 능력을 충분히 보유하고 있으며 자산운용 규모로도 증명이 된 회사들이다. 그래서 이 상품을 통해 선이자도 받고 내 돈을 글로벌 상위권의 자산운용사에 맡겨서 돈이 일하게 만들고 물가상승률을 상회하는 수익을 만들 수 있다.

하락장을 방어할 수 있는 펀드

"원금보장 되나요? 안 되면 위험한 거 아닌가요?" 필자가 미팅 중 가장 많이 받는 질문이다. 질문에 대한 답부터 하자면 기본적으로 투자 상품이기 때문에 원금보장은 되지 않는 것이 원칙이다. 하지만 이 상품의 세 번째 특징인 하락장을 대비할 수 있는 해결책이 있는데 바로 달러 캐시 펀드로 변환하여 원금을 보존하는 방법이다. 한국의 변액보험으로 비유해보면 하락장 시기에 주식형 펀드를 전부 채권형 펀드로 전환하는 것과 비슷하다고 보면 된다.

실제 겪었던 경험으로 이야길 해보겠다. 2020년에 발생한 팬데믹으로 인해 전 세계 주식시장은 대혼란을 겪었다. 그 이후 미국은 양적완화를 통해 달러를 무제한으로 풀었고 대규모 자금이 시장에 공급되면서 미국 주식시장은 급반등하며 역사적인 상승을 기록했다. 부동산 시장도 가격이 크게 올랐다. 이때 이 상품을 가입 중이던 나와 내 고객들도 펀드를 운용 중이었기 때문에 시장의 흐름에 맞춰 엄청난 수익을 맞이했다. 그렇게 1년 정도 지났을 즈음 과도한 유동성으로 인한 인플레이션(물가상승) 신호가 나타나기 시작했고 미국 연준에서는 테이퍼링 예고를 하기 시작했다. 이 시기에 우리는 운용 중이던 펀드를 달러 캐시(현금) 펀드로 변경했다. 경제 흐름에 맞춰 하락장이 예고되었기 때문이다. 그렇게 2021년 9월부터 약 2년 동안 달러 현금 형태로 그동안 냈던 원금과 수익금을 전부 안전하게 보관했고 가입구간에 따른 선이자(배당)는 계속해서 받으면서 나중을 기약했다.

실제 2021년 12월 말 4,800포인트까지 치솟았던 S&P500지수는 2년 동안 약 3,500포인트까지 하락했는데 이때 아무런 대응을 하지 않았다면, 이전에 얻었던 수익금과 원금이 절반 이상 증발했을 것이다.

내 돈은 가장 안전한 곳에 보관되어 있다

한국이 아닌 외국의 금융상품인 만큼 회사가 망하면 내가 낸 원금은 어떻게 될지 관리는 누가 하는지 궁금해하는 분들도 많이 계셔서 답을 드리고자 한다. 이 상품은 변액보험과 같은 구조이다. 상품을 만든 회사, 펀드를 운용하는 자산운용사, 돈을 보관하는 수탁사(은행) 이렇게 3가지로 나뉜다. 여기서 내가 낸 돈은 회사에서 가지고 있지 않고 수탁 은행에서 보관하고 있다. 이 회사의 수탁사는 어디일까? 바로 Bank Of New York Mellon이다. 이 은행에 대해 이미 알고 있는 분도 있고 처음 들어본 분도 있을 것이다. 두 은행 모두 역사와 자산 규모 모두에서 세계적으로 가장 크고 안정적인 금융기관에 속한다. BNY Mellon은 1784년에 설립된 가장 오래된 은행이며, 2022년 기준 약 44조 달러(약 6경)에 달하는 수탁 자산을 보유하고 있다[29]. 자산운용사 뿐만 아니라 수탁사 또한 오래된 역사와 엄청난 양의 자산을 보관하고 있다. 독자들에게 묻고 싶다. 이 정도 규모의 자산운용사와 수탁사를 갖추고 있는 회사의 상품이라면 해볼만 하지 않겠냐고.

---

[29] BNY Mellon, "2022, Annual Report, Accessed from 뉴욕멜론은행보고서,pdf
https://www.bnymellon.com/content/dam/bnymellon/korea/letter-from-robin-vince-2022-kr.pdf

회사는 믿을만할까?

이 상품의 가장 큰 약점은 바로 "회사"라고 생각할 수 있다. 왜냐하면 이 회사는 설립된 지 22년밖에 되지 않았기 때문이다. 하지만 오히려 그 반대다. 설립된 지 22년밖에 되지 않았는데도 불구하고 6년 연속 신용등급 Excellent(우수) 등급을 받은 회사이기에 더 믿을 수 있는 회사라고 필자는 생각한다.

신용등급은 1899년에 설립되어 현재 세계에서 가장 큰 보험업계 관련 신용등급 평가회사로 알려진 AM BEST에 의해 2023년 말 기준 A-등급을 받았다. A-등급은 -가 붙어서 안 좋은 평가를 받았다는 생각이 들지 모르지만 그렇지 않다. A-등급은 Excellent(우수) 등급에 속한다. 굉장히 높다. 심지어 6년 연속으로 우수한 신용등급을 달성했으며 회사 전망은 안정적이라는 평가를 받았다. 실제 AM BEST 공식 홈페이지에 들어가면 신용등급을 왜 우수 등급으로 받게 되었는지 상세 기준들을 확인할 수 있다. 핵심은 회사가 설립된 지 22년밖에 되지 않았음에도 불구하고 6년 연속 우수한 신용등급평가를 받았다는 것은 그만큼 신뢰할 정도의 회사라는 것을 반증한다. 신용등급의 중요성에 대해서는 뒤에서 다시 한번 다룰 것이기 때문에 여기서는 짧게만 넘어가도록 한다.

투자 공부가 가능하다

이 회사의 공식 홈페이지를 들어가면 실제 자산운용사들이 운용하고 있는 수많은 종류의 펀드들을 공부할 수 있다. 어디에 투자하는 펀드인지, 최근 3개월 이내, 최근 1년 이내, 최근 3년/5년/10년 이내 누적 수익률은 어떠한지 확인할 수 있고 자산운용사의 공식 홈페이지들도 종종 들어가서 현재 경제, 투자 트렌드를 파악하고 현재 흐름은 어떻게 변화하고 있는지도 확인할 수 있다.

필자의 경우, 관심 있는 펀드, 앞으로 유망할 것으로 판단되는 펀드의 FACT SHEET를 다운받아 세부 내역들을 확인하고 실제 투자해도 괜찮은지를 공부한다. 만약 자신이 투자에 대한 정보와 지식이 부족하다면 내 돈을 전문가에게 맡긴 채로 추가 공부를 통해 투자의 영역을 늘릴 수도 있다.

가입 전 주의사항

지금까지는 장점 및 주요 특징에 대해 설명을 했는데 당연히 금융상품이므로 단점 및 주의사항도 존재한다. 첫 번째는 바로 사업비다. 특히 한국 주식, 미국 주식 등 직접 종목투자를 하시는 분들의 경우 이 사업비 때문에 망설이시는 경우를 많이 경험했다. 직접투자는 사업비가 들지 않는다는 장점이 있지만 잘못 투자하면 손해를 보게 될 확률이 높다는 단점이 있다. 그래서 필자는 항상 고객들과 만나면 이렇게 말씀드린다. 직접투자를 해서 연 평균 수익률 7-10%를 달성할 수 있고 기업 분석을 할 줄 알아서 실제로 그렇게 매년 수익을 낸다면 글로벌 금융상품 가입하지 않아도 된다고 말이다. 그러나 내가 그런 투자 능력이 없고 내 본업에 집중해야 해서 공부할 시간이 없다면 사업비가 든다 한들 전문가에게 맡겨서 물가상승률을 상회하는 수익을 만들고 내 일상생활에 집중하는 것을 추천한다.

두 번째는 펀드 선택이다. 이 상품은 엄밀히 말하면 자동으로 투자 수익을 만들어주는 플랜은 아니다. 월 적립식 펀드 상품인 만큼 변액보험처럼 상황에 맞는 펀드 종목을 선택해야 하고 포트폴리오를 짜야 한다. 다만, 이 부분은 크게 걱정하지 않아도 된다. 필자가 속해 있는 채널에서는 현재 이 플랜을 가입한 모든 고객님의 펀드를 관리해드리고 있다. 어떤 방식으로 관리해드리는지 뒤에서 설명하기로 한다.

세 번째는 조기 해약 시 리스크이다. 간혹 가입한 지 얼마 안 돼 해약을 요청하는 분들이 계신다. 안타깝지만 이 플랜 또한 완납 시까지 기간이 많이 남을수록 해약 시 페널티가 크다. 좋은 기능이 있는 만큼 조기 해약을 하게 되면 피해는 오롯이 고객에게 돌아간다는 점 기억해주길 바란다.

🎯 요약 및 핵심 포인트

● 선이자 지급 방식

   월 납입 시 일정 비율로 선이자(배당)를 제공하여 납입구간에 따라 최소 1% ~ 최대 5%까지 지급 가능하며 선납 시에도 선이자를 한 번에 받을 수 있다. (1년 기준 최대 36개월 치)

● 글로벌 자산운용사 운용

   BlackRock, J.P. Morgan 등 세계적인 자산운용사들이 투자금을 관리하며 안정성과 높은 수익성을 목표로 운용한다.

● 회사의 신용등급

   해당 회사는 세계적인 신용평가사 AM Best로부터 연속 6년 동안 '우수(Excellent)' 등급을 받았고 안정적인 신용 평가를 유지하고 있어 신뢰도를 높여준다.

● 수탁은행의 안정성

   고객의 자산은 뉴욕 멜론은행(BNY Mellon)과 같은 글로벌 최상위 은행에 보관되며 이들 은행은 오랜 역사와 엄청난 자산 규모로 안정성과 보안을 보장한다.

● 하락장 방어 옵션

　주식시장 하락 시 달러 캐시 펀드로 전환해 원금을 보존할 수 있으며 시장 반등을 기다리는 전략적 접근이 가능하다.

● 주의사항

　사업비, 개별 펀드 선택 필요성, 조기 해약 시 페널티 등의 사항에 유의해야 하고 원금보장형은 아닌 만큼 투자의 안정성을 위해 본 상품의 특성을 충분히 이해하고 가입해야 한다.

7-2. 140%를 최저보증 해주는 달러 저축

질문으로 시작해보겠다. 투자 상품인데 내가 낸 총금액의 140%를 최저로 보증해준다. 하방 리스크가 없는 것이다. 게다가 그 이상 수익이 나면 수익까지 챙겨주는데 연평균 수익률이 10%라면 믿어지는가? 그런데 사실이다. 처음 이 상품을 접했을 땐 정말 믿기 힘들었다. 그만큼 획기적이라 생각한다.

이 상품은 미국의 3대 지수인 S&P500 지수를 100% 추종하는 펀드 상품이다. S&P500 지수란 미국의 1등부터 500등까지의 상장기업을 기준으로 산정된 지표를 말한다. 즉, 쉽게 말해 미국의 1등부터 500등 기업에 투자하는 인덱스펀드이다. 참고로 바로 전에 설명했던 상품과 같은 회사에서 출시되었기 때문에 수탁은행과 신용등급 내용은 생략하겠다.

베스트 국제 저축상품으로 5번 선정된 독보적인 플랜

이 플랜은 다중 국가와 지역의 현지 및 외국인 클라이언트에게 금융 서비스를 제공하고 있는 글로벌 재무 상담사 및 자산 관리 전문가들을 위한 선도적인 간행물 International Investment 및 International Advisor로부터 2019년 2020년 2021년 2023년 2024년 이렇게 무려 5번이나 베스트 국제 저축상품으로 선정된 독보적인 플랜이다. 얼마나 좋길래 5번씩이나 베스트 플랜으로 선정되었는지 지금부터 확인해보자!

원금보장형 달러 투자

한국인이 S&P500에 투자하는 방법은 SPY, VOO, IVV 등 미국 해외 주식으로 직접 S&P500 ETF 투자를 할 수도 있고 국내 상장된 해외 ETF를 통해 투자도 가능하다. 게다가 연금저축펀드, ISA 계좌 등으로도 세금 혜택을 받으면서도 투자할 수 있다. 하지만 리스크는 존재한다. S&P500 ETF라고 한들 하락이 없는 것은 아니기 때문이다. 주가는 상승과 하락을 반복하면서 움직인다. 때문에, 투자에 대한 철학이 없고 투자가 처음이라면 주가가 크게 하락했을 때 멘탈이 흔들려서 매달 매수하던 것을 멈추거나 매도하고 나오는 경우가 있을 수 있다. 그렇게 되면 결국 투자는 실패의 길로 접어들 수밖에 없다.

그런데 글로벌 금융상품으로 S&P500에 투자하면 어떨까? 원금보장을 받으면서 투자할 수 있기 때문에 투자를 한 번도 해본 경험이 없으신 분들이 시작하기에 아주 안성맞춤인 플랜이라 할 수 있다. 10년으로 가입 시 100%, 15년으로 가입 시 140%, 20년으로 가입 시 160% 최저보증이 된다. 이 셋 중엔 가장 가성비 좋은 것이 15년에 140% 보증이기 때문에 15년을 가장 많이 추천드리고 있고 S&P500 ETF에 투자를 경험해보신 분들은 3~5년 정도만 투자해도 무조건 수익이 난다는 걸 알기 때문에 그런 분들의 경우 10년 형으로도 많이 한다.

어떻게 이런 상품이 가능할까?

 필자의 머릿속에서 계속 떠돌아다녔던 질문이다. 보통 이런 말도 안 되는 금융상품을 맞닥뜨리면 필자를 포함해 많은 한국의 소비자들은 "금융회사가 이유 없이 이런 상품을 만들 리가 없다. 분명 무언가가 있을 것이다." 혹은 "사기 아닐까?" 이렇게 생각한다.

 하지만 실제 이 회사가 주최한 컨벤션에 참석하여 이 상품이 어떤 이유로 이렇게 만들어졌는지를 알게 되었다. 이유는 간단했다. 구글에서 S&P500 WIKIPEDIA를 검색하면 1961년부터 2030년까지 연도별 수익률과 5/10/15/20/25년 평균 연간 수익률을 확인할 수 있는데 15년 동안의 연간 수익률을 확인해보면 가장 높은 수익률은 18.93%, 중간값은 10.71%, 가장 낮은 수익률은 4.24%라는 걸 확인할 수 있다. 상품 개발자는 약 60년의 과거 데이터를 통해 15년 동안의 평균 연간 수익률이 아무리 낮아도 4.24%라는 점에 주목했다. 그래서 15년으로 가입 시 140%의 최저보증을 해주는 기능을 이 상품에 담아낸 것이다.

 설명을 들어보니 어떤가? 필자는 이 이야길 듣고 굉장히 합리적이라는 생각이 들었다. 그래서 의심도 사라졌고 '사기'라는 생각도 내려놓게 되었다. 그런데 우리나라 소비자들의 생각도 이해는 간다. 내가 만약 미국에서 태어났다면 미국의 3대 지수인 S&P500, 나스닥, 다우존스와 미국의 수많은 우량 기업들에 대해 좀 더 익숙했을 것이다. 하지만 한국에서 태어나 살다 보니 S&P500처럼 연평균 수익률 10%의 성과를 내는 그런 투자처가 익숙하지 않을 수밖에 없다. 물론 요즘은 온라인 플랫폼을 통해 해외주식, 해외

ETF도 손쉽게 하는 시대가 되었기 때문에 조금만 노력하면 알 수 있다.

실제 이 상품의 성과는 어떨까?

이 플랜은 2004년에 출시되어 이미 15년 만기를 채운 케이스 사례가 많이 나왔다. 작년 금융 투어를 통해 이 회사 세미나를 들었을 때 가장 적었던 만기 환급률이 140%대였고 가장 많았던 만기 환급률은 무려 223%였다. 물론 이 두 케이스는 극단적인 사례이고 170~200%의 만기 환급률이 가장 많았다. 이 것이 의미하는 것은 무엇일까? 하방리스크(하락에 의한 손실)는 없고 상방으로는 무한으로 열려있다는 뜻이다.

가입 전 주의사항

모든 금융상품에는 장점이 있으면 단점 또한 있기 마련이다. 이 상품의 주요 특징은 바로 원금보장형 투자 상품이라는 것이다. 그런데 100/140/160% 최저보증을 받기 위해서는 단 한 가지 조건이 있다. 바로 연체/실효/감액/중도 인출이 없어야 한다는 점이다. 쉽게 이야기해서 만기가 될 때까지 납입을 잘 하기만 하면 최저보증 기능을 활용할 수 있다.

두 번째 주의사항은 유동성 확보가 어렵다는 점이다. 그렇기 때문에 10년/15년 후 자녀의 유학자금, 교육자금, 대학교 학비 등의 목적자금이나 부동산 구매를 위한 목돈 마련같이 중장기 계획으로 내 돈을 묶어놓고 수익까지 원하는 경우가 아니라면 이 상품의 가입은 적절하지 않으며 추천하지 않는다.

🎯 요약 및 핵심 포인트

● 140% 최저보증 달러 저축

총납입금액의 140%를 최저보증하며 15년 동안 S&P500 지수를 100% 추종해 상승 시 추가 수익을 얻을 수 있는 상품이다. (이전 상품과 동일 회사)

● 베스트 국제 저축상품 선정

다섯 번이나 베스트 국제 저축상품으로 선정되었으며 신뢰성과 안정성을 인정받은 글로벌 플랜이다.

● S&P500의 원금보장 투자

10년 기준 100%, 15년 기준 140%, 20년 기준 160%를 최저보증 해주고 하방리스크가 없어 투자를 한 번도 해보지 않은 초보 투자자에게 적합하다.

● 주의사항

최저보증을 위해서는 연체, 감액, 중도 인출이 없어야 하며 장기적으로 자금 유동성이 어려워 자금 활용 시기를 고려해 가입해야 한다.

7-3. 보호기능(스텝 업)이 있는 월 적립식 펀드

원금과 수익의 80%를 보증(Lock In)해주는 투자자 보호 포트폴리오

바로 전 설명했던 원금보장형 투자 상품에 대해 알고 나면 우리가 생각했던 상식이 흔들리기 시작한다.

우리의 상식은 무엇인가? 기본적으로 투자 상품에는 원금 손실 가능성이 존재한다는 점이다. 그리고 가입할 때도 투자로 인한 손실은 전부 본인에게 있다고 명확하게 명시되어 있으며 판매 모집인에게도 이 부분을 확실하게 설명하고 가입하게끔 되어 있다.

실제로 한국에서는 투자상품에 대해 설명할 때 원금보장이 된다는 표현을 사용하면 금융소비자보호법에 의해 처벌을 받을 수 있고 극소수의 금융상품을 제외하고는 투자 상품인데 수익률도 좋고 원금을 보장해주는 상품은 찾아보기 힘들다.

그런데 해외는 그렇지 않다는 것을 이 책을 읽은 분들은 알게 되었고 충분히 하락장을 방어할 수 있는 기능이 있거나 원금보장형도 있다는 것을 알게 되었다. 이번에 설명할 상품도 한국에서는 절대로 찾아볼 수 없는 엄청난 기능이 있는 상품이다.

핵심만 설명하면, 이 상품도 월 적립식 펀드 상품이다. 그런데 보호기능이 있다. 바로 원금과 수익을 합친 금액의 80%를 보증(Lock In)해주는 기능이다. 정식 명칭은 투자자 보호 포트폴리오(Protected Investment Portfolio, PIP)이다. 좀 더 쉽게 설명해보겠다. 이와 비슷한 한국의 변액보험이 한때 판매된 적이 있었다. 바로 스텝 업(STEP-UP) 기능이 있는 변액보험이다. 스텝 업의 영어 뜻은 "단계적으로 증가하다."라는 의미이다. 스텝 업 기능은 자동차의 크루즈 컨트롤 기능과 유사하다. 크루즈 컨트롤 기능을 사용하면 운전자가 설정한 속도 이하로 최저속도가 내려가지 않듯이 기준일에 발생한 수익에 대해서는 이후에 수익률이 하락하더라도 무조건 최저로 보증해준다. 그래서 순수 변액보험이라면 보증해줄 필요가 없지만 스텝 업 기능이 있으면 수익이 나서 해당 구간에 이르면 그때부터는 아무리 그 이하로 하락하더라도 무조건 나의 수익이 되는 것이다.

이 부분은 설명이 어려울 수 있어 표를 보면서 차근차근 설명하겠다. 아래 표의 하늘색 선이 펀드에 투입된 평가액이고 검정 선이 그 평가액에 대한 80% 보증액이다. 첫째 날이 되었다. 투입된 펀드의 최종 평가액은 100이고 당연히 원금+수익에 대한 최종 평가액은 100이 된다. 그리고 100에

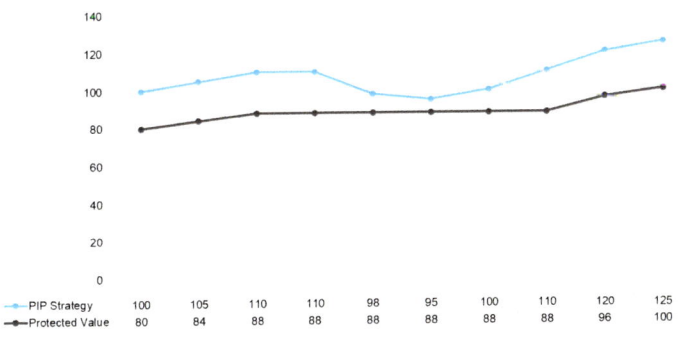

Chapter 4. 글로벌 금융상품의 매력과 선택 기준 | 111

대한 80%인 80이 보증액이 되었다. 보증액이 80이라는 의미는 펀드 수익률이 떨어져 평가액이 80 이하로 하락한다 해도 80까지는 무조건 보증을 해준다는 의미가 된다. 둘째 날이 되었다. 100에서 105로 수익이 나서 최종 평가액은 105가 되었다. 그러자 보증액도 105의 80%인 84로 상승했다. 결과적으로 스텝 업(STEP UP)이 된 것이다. 셋째 날이 되었다. 펀드 평가액은 다시 105에서 110으로 수익이 나면서 최종 평가액은 110으로 전고점을 돌파했다. 이제 감이 올 것이다. 보증액은 최종 평가액 110의 80%인 88이 된다. 84에서 88로 스텝 업이 되었고 88은 무조건 보증된다. 넷째 날이 되었다. 넷째 날은 셋째 날과 평가액과 보증액이 같으므로 변동 없다. 다섯째 날이 되었다. 여기서부터 중요하다. 펀드 최종 평가액이 110에서 98로 하락했다. 그렇다면 보증액은 얼마일까? 얼핏 보면 98의 80%를 해줘야 하지 않을까? 라고 생각할 수 있지만 아니다. 보증액은 전날과 같은 88이다. 펀드에 투입된 평가액은 수익률에 따라 매일 달라지지만, 이전 최고점의 80%로 보증된 88은 오를 수는 있어도 절대 떨어지지는 않는다. 이제 여섯째 날이다. 평가액은 98에서 95로 떨어졌다. 보증액은 넷째 날 최고점인 110의 80%인 88에 멈춰있다. 일곱째 날이다. 평가액은 95에서 100으로 상승했고 보증액은 여전히 88에 머물러 있다. 여덟째 날이 되었다. 평가액은 100에서 110으로 상승했지만 보증액은 여전히 넷째 날 전고점인 110과 같기에 여전히 88에 머물러 있다. 아홉째 날이 되었다. 여기서부터 다시 중요하다. 평가액이 110에서 120이 되면서 이전 고점인 110을 넘어섰다. 보증액은 당연히 최고점 120의 80%인 96으로 상승하면서 스텝 업 되었다.

마지막 열 번째 날이다. 평가액은 120에서 125로 오르면서 또다시 전고점인 120을 넘어섰고 보증액은 125의 80%인 100으로 상승했다.

이제 이해가 됐으리라 생각한다. 이 상품은 충분히 투자될 시간이 있고 펀드의 수익률이 뒷받침만 해준다면 안전하게 80%를 보증받으면서 투자할 수 있는 상품이다. 게다가 한국의 스텝 업 변액보험과의 차이가 있는데 상품마다 조금씩 다르긴 하지만 보통 스텝 업 기준일이 매달 혹은 매년으로 텀(term)이 있는 반면, 이 상품은 주말을 제외한 하루하루가 기준일이다. 매일 매일 평가되기 때문에 더 빠르고 안전하게 내 자산을 늘릴 수 있는 것이다.

80% 보증(Lock In) 기능의 비밀

어떻게 이것이 가능한 것일까? 이 상품을 접하면서도 역시나 필자는 같은 질문을 하게 되었다. 그러나 역시 타당한 이유가 있었다. PIP 기능은 계좌의 평가액의 최고치에 맞춰 80%의 보호 수준을 잠금하고 그 가치는 매일 매일 업데이트된다. 그런데 만약 수익률이 떨어져 80% 보호 수준 이하로 떨어지면 보호를 위해 차액 보전금액이 내 계좌로 입금된다.

예를 들어보자. 내 계좌의 가치가 $10만이라면 $8만이 보증된다. 그런데 다음날 30%가 하락해서 내 계좌 가치가 $10만에서 $7만으로 떨어진다면 어떻게 될까? 일반적인 펀드라면 $3만을 잃는 것이지만, 이 경우엔 그 전날 계좌 가치 $10만의 80%인 $8만을 보전받을 수 있다. 그런데 $7만이 되었으니 $1만이 부족한 상황이다. 그래서 이 $1만에 대해서는 회사에서 현금으로 보전해준다.

그런데 차액 보전금액이 입금되는 것은 회사를 운영하는 입장에서 손해를 보는 것이기 때문에 이런 일을 막기 위해 또 다른 전략을 사용한다. 시장이 하락할 움직임이 보이거나 하락할 경우 성장 자산을 안전자산으로 미리 이동시키는 전략이다. 이 전략을 담당하는 자산운용사가 따로 있는데 이 회사는 PIP의 위험 관리 및 리밸런싱을 담당하며 시장 상황에 따라 포트폴리오가 적절히 조정될 수 있도록 매일 모니터링 한다.

실제로 위와 같은 경험을 필자도 이번에 경험했다. 때는 미국발(發) 경기침체 공포 확산과 AI 거품론, 엔캐리 트레이드 자금 청산 우려 등으로 주가가 엄청 폭락했던 지난 2024년 8월 5일이다. 많이 빠진 것은 아닐지 혹시나 하는 마음에 이 상품의 계정을 들어가 보았다. 계좌 가치는 많이 하락해 있었고 그에 따라 벌써 주식과 같은 성장 자산의 비중의 일부가 안전자산으로 옮겨져 있던 것을 확인하면서 이 상품의 가치를 다시 한번 체감했다.

펀드 수익률은 어떨까?

보호기능에 대해서 이해되었다면 그다음으로 중요한 것이 바로 Fund(펀드)다. 아무리 80% 보증 기능이 있다 하더라도 펀드 운용성과가 좋지 않다면 스텝 업 기능도 무용지물이 되는 것이기 때문이다. 그런데 전혀 걱정할 필요가 없다. 가입 시 PIP 기능을 선택하면 회사에서 지정하고 있는 펀드로만 선택할 수 있는데 그 펀드가 앞서 언급했던 S&P500을 추종하는 펀드이기 때문이다. S&P500의 연평균 수익률은 약 10%이다. 과거의 수익률이 미래의 수익률을 보장하지는 않지만 60년의 데이터를 보았을 때 충분히 내 자산을 늘려주기에는 좋은 펀드이다. 오죽하면 투자의 귀재 워런 버핏도 유언으로 내가 죽으면 내 자산의 90%는 S&P500 지수 펀드에 나머지 10%는 단기 국채에 투자하라고 권했을까. 그만큼 S&P500 펀드가 일반인 투자자들에게는 가장 안전하고 효율적인 투자 방법이라고 생각했기 때문이리라.

거기에다 더 재밌는 사실은 이 회사의 펀드 운용 방식이다. 필자는 이를 일명 'Fund Of Fund'라고 부른다. 간략히 설명하면, S&P500 지수에 투자하는 글로벌 자산운용사는 State Street, Vanguard, ISHARES, INVESCO 등 많은 곳이 있는데 같은 지수를 추종하더라도 수익률은 조금씩 다르다. 그래서 한 운용사의 펀드만으로 운용하는 것이 아니라 이마저도 여러 자산운용사의 S&P500 펀드를 적절히 분산하여 리스크를 줄이는 방식을 채택한 것이다.

정리해보자. 원금과 수익의 80%를 보증(Lock In)해주고, 매일매일 계좌 가치가 반영되어 수익률이 좋으면 보증 구간이 스텝 업 된다. 게다가 여기에 운용되는 펀드는 연평균 수익률 10%를 기대할 수 있는 S&P500지수를 추종한다.

신용등급과 수탁은행

상품의 기능과 운용 펀드까지 설명을 들었다면 분명 투자하고 싶은 마음이 굴뚝같아졌을 것이다. 그런데 왠지 마음에 걸린다. 이 회사는 믿을만한지 내가 낸 돈은 어디서 보관하고 있는 지 말이다. 먼저 수탁은행부터 살펴보자. 어찌 된 일인지 이 회사의 수탁은행도 7-1, 7-2 상품의 수탁은행과 같다. 바로 뉴욕 멜론은행(BNY Mellon)이다. 이 은행의 역사와 가지고 있는 수탁 자산에 대해서는 이미 언급했으므로 생략하도록 한다. 한국의 변액보험처럼 내가 낸 돈은 수탁은행에서 보관하고 운용은 운용사에서 하고 행정 및 서비스는 본사에서 하는 것이기 때문에 회사가 망하더라도 내 돈은 안전하게 보관된다.

그렇다면 신용등급은 어떨까? 이 회사가 금융상품을 판매하기 위해 라이센스를 받은 지역은 여기서 실명을 밝힐 순 없지만, 세계적인 신용평가 기관인 Standard and Poor's로부터 AA-등급을 받았다. 참고로 신용등급에 대해서는 뒤에 자세히 다루도록 하겠다. AA-등급이 의미하는 것은 재정적 약속을 이행할 수 있는 능력이 '매우 강력하다'는 것을 의미한다. 게다가 이 지역에는 1,000개가 넘는 투자펀드가 소재하거나 운영되고 있다.

가입 전 주의사항

물론 주의사항도 있다. 솔직히 필자 생각에 이 상품은 단점보다는 장점이 대부분이다. 그만큼 성말 괜찮은 상품이라 생각한다. 하지만 굳이 주의사항을 하나 이야기한다면 바로 사업비다. 모든 금융상품에는 사업비가 있다. 표현은 다르지만, 금융상품뿐만 아니라 눈에 보이는 유형의 상품도 마찬가지다. 예를 들면 마트에서 물건을 구매할 때 발생하는 비용에는 물류비, 유통비, 광고비, 매장 운영비 등의 비용이 포함되어 있다. 그렇기에 시작한 지 얼마 안 된 상태에서 내가 낸 금액 전부를 인출할 수 없고 조기 해약 시 페널티가 있을 수 있다. 80% 보증 기능과 높은 수익률을 기대할 수 있고 전문가에게 내 돈을 맡기는 것이기 때문에 사업비 부분은 염두해두는 것을 권장한다.

🎯 요약 및 핵심 포인트

● 원금과 수익의 80% 보증(Lock In)

투자자의 원금과 수익의 80%를 보증하는 스텝 업 기능이 있어 내 계좌 가치가 최고점의 80% 이하로 하락하지 않도록 보호해준다. 이로 인해 시장 변동성 속에서도 하락 리스크를 줄이며 안정적인 투자를 지원한다.

● 차액 보전 시스템

계좌 가치가 80% 보호 수준 이하로 하락 시 부족한 금액을 회사가 차액 보전하여 투자자에게 손실이 가지 않도록 보장한다. 또한 시장 하락 시에는 성장 자산을 안전자산으로 전환하여 리스크를 최소화한다.

● S&P 500 지수 연동 펀드 운용

S&P500 지수를 추종하는 펀드로 운영되어 연평균 약 10%의 수익률을 기대할 수 있고 'Fund of Fund' 방식을 사용해 여러 글로벌 자산운용사의 S&P500 펀드에 분산 투자하여 리스크를 더 낮춘다.

● 신뢰성 있는 수탁은행

고객 자산은 BNY Mellon과 같은 세계적 수탁은행에 안전하게 보관되고 이는 회사가 문제가 생기더라도 자산을 안전하게 보호할 수 있는 기반이 된다. 이와 함께 신용등급은 S&P로부터 AA-를 받아 재정적 안정성을 보여준다.

● 가입 전 주의사항

사업비가 포함되어 있어 조기 해약 시 일부 제약이 있을 수 있다.

| 7-4. 무제한 진단비를 주는 유배당 보장성보험 |

진짜 보험은 이런 걸 보고 말하는 것이다

사실 이 상품을 소개할지 말지 굉장히 고민을 많이 했다. 그렇지만 넣게 된 이유는 '진정한 보험은 이런 거다'라는 것을 보여주는 상품이기도 하고 필자가 정말 좋아하는 상품이기 때문이다. 본격적으로 시작하기 전에 질문을 하나 하고 싶다. 이 상품은 2020년에 가장 혁신적인 보험상품으로 수상을 했다. 다음 보장내용 중 이 상품에 포함돼있는 기능은 무엇일지 맞춰보길 바란다.

1. ∞ 3대 중대 질환 (암, 뇌졸중, 급성심근경색) 무제한 진단금 지급
  (암 전이/재진단 면책기간 : 다른 부위 1년, 같은 부위 3년)

2. 보험 가입 10년 이내 진단 또는 사망 시 60% 추가 지급
  첫 번째 중대 질환 또는 사망보험금 청구 시
  예시) 보험가입금액 1억 설정 시 1억 6천만 원 보험금 지급

3. 69가지 중대 질환에 대해 각각 1회씩 진단금 지급

4. 납입완료 시점부터 추가배당금 적립으로 매년 보장금액 증가
  예시) 20년 완납 시점 납입금 7,266만 원
    보장금액 20년 시점 1억 8,308만 원
    25년 시점 1억 9,621만 원
    30년 시점 2억 1,745만 원으로 증가

5. 납입완료 시점부터 발생된 배당금을 자유롭게 활용 가능

정답부터 말씀드리겠다. 어떤 분들은 눈치챘을 수도 있을 것 같다. 1~5번 모두 정답이다. 지금부터 하나씩 설명 드리겠다. 이 상품의 본질은 보장보험이다. 그러나 배당이 붙는 유배당보험이기에 저축의 속성도 포함되어 있다. 이 상품의 캐치프라이즈(Catchphrase)는 "무제한 진단비를 주는 보험"이다. 이 상품을 만든 원수사(보험회사)는 이탈리아에 있으며 역사는 거의 200년이 다 되었다.

필자는 이 상품을 처음 접했을 때 다른 저축상품들을 접했을 때보다 훨씬 더 놀라움을 감추지 못했다. 왜냐하면 국내의 보장성보험 부분은 필자 전문 분야이기 때문이다. 일단 암, 뇌졸중, 급성심근경색 진단 시 무제한으로 진단비를 준다는 것 자체도 말이 안 됐다. 국내 보험의 진단비 특약은 최초 1회 한이 기본이었기 때문이다. 물론 작년쯤부터 시작해서 국내에도 여러 번 암 진단비를 주는 보험상품이 나왔지만, 그 당시에 그런 것은 없었다. 정말 혁신적이었다. 그런데 그뿐만이 아니었다. 유배당 상품이기 때문에 내가 납입한 보험료에 배당이 붙다 보니 평생 질병에 걸리지 않더라도 내가 낸 돈보다 더 많은 금액을 받을 수 있다. 국내의 보장성보험은 가입한 보장에 대해 아무 사고도 발생하지 않으면 내가 낸 보험료는 없어진다. 그래서 한국에서 보장성보험은 지출로 여겨지기도 한다. 때문에, 이와 비교했을 때 놀라지 않을 수가 없었다.

그런데 이게 끝이 아니었다. 중대 질환 69가지에 대해서 각각 1번씩을 보장해주고 경증질환 69가지(22살 이상 성인은 57가지)에 대해서는 평생

5번(보장금액의 20%씩 5번)을 보장해준다. 그 외에도 10년간 추가로 60%로 보장을 더 해주고 완납하는 시점부터 배당이 붙기 시작한다. 그래서 필자는 이 보험이 "진짜 보험이 무엇인지를 보여주는 보험상품"이라고 생각한다. 중대 질환에 걸려서 경제적인 어려움이 발생했을 때는 보험금으로 경제적 어려움을 해소하고 혹시나 건강해서 아무 일이 일어나지 않더라도 내가 낸 돈 이상을 받을 수 있는 보험, 그게 진짜 보험 아닐까 생각한다.

가입 전 주의사항

금융상품은 장점이 있으면 단점 또한 있기 마련이라고 앞서 이야기했듯이, 이 상품도 가입 전 주의사항이 있다. 첫째, 이 상품은 무해지, 저해지 성격을 모두 가지고 있는 보장성보험이다. 납입기간 중 해지를 하게 되면 해지 환급금이 아예 없거나 적다. 실제로 필자도 이 상품을 가입 후 조금 있으면 4년 차가 도래하는데 아직도 해지 환급금은 0이다. 5년 차부터 해약 환급금이 아주 미미하게 발생하고 20년 완납 기준 20년 차가 되는 시점부터 해약 환급금이 120%대로 올라서게 된다. 때문에, 조기 해약 시 페널티가 크다. 둘째, 유배당 상품인 만큼 보험료가 저렴하지 않다는 사실이다. 자신의 경제적 상황에 맞게 고려하는 것을 권장한다. 셋째, 이 상품은 2024년부터 우편 청약이 중지되었다. 즉 홍콩에 방문해야만 가입할 수 있다. 필자도 자녀를 이 상품으로 가입하려고 했지만, 우편 청약이 중지되어 결국 홍콩에 직접 방문해서 가입했다. 그래서 가입을 원한다면 수고스럽더라도 직접 방문해야 한다는 점 주의해야 한다.

🎯 요약 및 핵심 포인트

- 3대 중대 질환 무제한 진단비 보장

  암, 뇌졸중, 급성심근경색 진단 시 무제한으로 진단금을 지급해 중대한 건강 위협에도 지속적인 보장을 제공한다.

- 69가지 중대 질환 및 5회 경증질환 보장

  중대 질환 69가지에 대해 각각 1회씩 경증질환은 최대 5회(보장금액의 20%씩)까지 보장해주어 다양한 질환 위험에도 대비할 수 있다.

- 10년 내 중대 질환 또는 사망 시 추가 보장

  가입 후 10년 내 중대 질환이나 사망 시 보험금의 60%를 추가 지급하여 초기 고위험 질환 발생 시 경제적 부담을 크게 완화한다.

- 가입 후 완납 시 배당금 자유 활용 가능

  납입완료 후부터 발생한 배당금은 필요에 따라 자유롭게 활용할 수 있어 보장금액 증가 외에도 추가적인 유동성을 제공한다.

- 유배딩 보장성 보험의 저축 기능

  이 상품은 유배당 형태로 보험료 납입 후 배당금이 누적되어 원하는 시점에 낸 보험료 이상을 받을 수 있어 건강한 경우에도 투자와 저축 효과를 제공한다.

● 주의사항

무해지, 저해지 형태로 초기 해약 시 환급금이 없거나 매우 적으며 배당이 있는 만큼 보험료가 저렴하지 않고 홍콩 방문을 통해서만 가입이 가능해 직접 방문이 필요한 점에 유의해야 한다.

| 7-5. 유배당 달러 저축보험 |

황금알을 낳는 거위를 만드는 시스템 (수익 안정화)

어느덧 마지막 상품이다. 1~3 상품들이 월 적립식으로 모으는 형태이고 시드를 모으기 위해 차곡차곡 내 자산을 모으는 역할이라면 이 상품은 황금알을 낳는 거위 1마리를 만드는 것과 같다. 여기서 황금알은 돈이고 거위는 유배당 저축보험이다. 거위가 계속해서 황금알을 낳듯이 유배당 저축보험을 통해 돈이 일하게 해서 큰돈을 계속 만들 수 있는 시스템을 구축하는 것이다.

이 상품의 구조는 아주 심플하다. 납입종료 후부터 매년 연 복리 6~7%의 배당을 지급해준다. 그렇게 내 자산이 늘어나는 구조이다. 그렇게 알아서 내 자산이 늘어나도록 만들어놓고 해외여행 자금, 자녀 유학자금, 자녀 대학 등록금 등 돈이 필요한 이벤트가 발생할 때 나의 자산 중 일부를 찾아 꺼내 활용할 수 있다. 또는 은퇴 시기까지 꺼내쓰지 않고 계속 불어나도록 거치해두었다가 연금이 필요한 시기부터 매년 인출 해서 평생 연금을 받는 형태로도 활용할 수 있다. 특히 필자는 이 연 복리 유배당 달러 저축 상품을 노후연금 컨셉으로 많이 추천한다. 내 돈은 매년 6~7%씩 늘어나는데 은퇴 후 매년 최대 5%씩 찾아 꺼내 쓰기 때문에 2%가 남아 나의 자산에 계속해서 복리로 불어나고 평생 찾아 꺼내쓰더라도 내 자산은 계속 늘어나는 구조이다. 조금 더 쉽게 이해할 수 있도록 설명해보겠다.

복리의 마법, 72의 법칙

72의 법칙이란 복리 효과를 이용해 원금이 두 배가 되는 데 걸리는 시간을 간단히 계산하는 방법이다. 이 법칙에 따르면, 투자 수익률로 72를 나누면 원금이 두 배로 불어나는 데 걸리는 대략적인 연수를 알 수 있다. 예를 들어보자. 수익률이 6%라면, 72 / 6 = 12이므로 약 12년 후에 원금이 두 배가 된다. 7%라면 72 / 7 = 10이므로 약 10년 후에 원금이 두 배가 된다. 이제 숫자를 넣어 대입해보자. 내가 만약 1억 원을 이 유배당 달러 저축보험에 투자했다면 연 복리 7% 가정 시 10년마다 내 원금이 두 배가 되는 것이다. 1억 원이 10년 뒤에 2억 원이 되고 또 10년 뒤에는 2억 원이 4억 원이 된다. 그리고 또 10년 뒤엔 4억 원이 8억 원이 되는 이런 구조이다.

그렇다면 실제 배당 저축보험의 인출금액을 확인해보자. 40세 남성이 월 100만 원씩 5년 납으로 이 저축보험에 납입하여 5년 동안 총 6천만 원을 납입했다. 완납은 45세에 끝났고 이때부터 20년을 거치한 후 65세부터 연금처럼 받기 시작한다. 65세부터 얼마를 평생 받을 수 있을까? 내가 낸 총금액 6천만 원의 20%인 1,200만 원(월 100만 원)을 연금처럼 받는다. 그것도 평생 말이다. 평생 받는데 이상하게도 해약 환급금은 조금씩 계속해서 올라간다.

72의 법칙을 활용한 상담 시 자주 말씀드리는 공식을 알려드리겠다.

* 40세 남자, 월 100만 원씩 5년 납입 가정
  5년 납입 6년 차부터 최대 인출 시 총금액의 5%인 300만 원
  5년 납입 15년 차부터 최대 인출 시 총금액의 10%인 600만 원
  5년 납입 25년 차부터 최대 인출 시 총금액의 20%인 1,200만 원

10년마다 내가 받을 수 있는 연금액이 2배로 늘어나는 걸 볼 수 있다. 상담 시 설계표가 없어도 이 공식만 알면 대략 얼추 어느 시기에 어느 정도의 금액을 평생 받을 수 있는지 계산할 수 있다. 실제 설계표를 요청했던 모 보험사도 1,200만 원이 나왔다. 참고로 회사마다 계리하는 방법이 다르기에 인출금액도 조금씩은 다를 수 있다.

그렇다면 이번엔 40세가 아닌 1세의 경우는 어떨까? 1세에 태어나 65세부터 평생 연금처럼 받는다면 64년이라는 시간을 활용할 수 있다.

* 1세 남자, 월 100만 원씩 5년 납입 가정
  5년 납입, 65년 차부터 최대 인출 시 총금액의 300%인 1억 8천만 원

매년 1억 8천만 원씩, 매월 1,500만 원씩 평생 받을 수가 있다. 믿어지는가? 이것이 바로 복리의 마법이다.

피보험자 무제한 교체로 상속 및 증여도 가능하다

필자도 이렇게 말도 안 될 것만 같은 유배당 저축보험의 수익률 자산이

늘어나는 구조를 보면서 입이 다물어지지 않았었다. 그런데 웃긴 건 홍콩에 직접 가서 금융회사 세미나를 들어보니 가는 회사들마다 연 복리 6~7%의 배당을 주는 것이 사실상 디폴트(기본)였다는 사실이다. 참고로 어떻게 연 복리 6~7%의 배당을 매년 줄 수 있는지에 대해서는 뒷부분에서 자세히 다룰 예정이다. 그런데 이게 전부가 아니었다. 피보험자를 무제한으로 교체할 수 있는 기능이 있었다. 이 기능을 사용하면 내 자산을 평생 꺼내쓰다가 생전에 자녀에게 물려줄 수도 있고 죽고 나서 상속해 줄 수도 있다. 이 기능을 사용하면 내 자산을 계속 늘린 뒤 계속해서 세대를 이어가면서 내 자산을 물려줄 수가 있는 것이다. 정말 신기하면서도 놀라웠다.

세미나에서 듣게 된 비하인드 스토리에 의하면 처음 모 회사에서 피보험자 교체를 3번 해주는 기능을 탑재했다고 한다. 그런데 그 후 얼마 안 지나서 다른 회사에서 그 사실을 알게 됐고 경쟁 차원에서 무제한 교체로 업그레이드되어 출시된 것이다. 홍콩에는 160여 개의 보험회사가 들어와 있고 엄청난 경쟁을 하고 있다. 이러한 사실이 업계에 퍼지게 되어 현재는 거의 모든 회사 유배당 저축보험에 피보험자 무제한 교체 기능이 탑재되어 있다.

금융부동산 플랜

유배당 저축보험을 활용한 컨셉을 하나 더 소개하고자 한다. 이름하여 금융부동산 플랜이다. 말 그대로 금융상품을 활용해서 부동산 임대 수익처럼 받는 컨셉이다. 유배당 저축보험은 초기에는 10년 납이 주류였지만 이

내 5년 납으로 납기가 짧은 상품이 주류가 되었고 이후 2년 납 상품도 많이 출시 되었다. 그래서 이 컨셉은 2년 납 상품을 활용하는 것이 핵심이다.

그렇다면 금융부동산 플랜의 특징을 간략히 설명 드리겠다. 첫째, 부동산처럼 믿을 수 있고 장시간 존속 가능하다는 점이다. 물론 이 부분은 금융회사와 금융상품에 대한 이해가 되어야 하고 글로벌 금융시장과 금융상품에 대한 장벽이 허물어져야 신뢰할 수 있을 것이다. 둘째, 월세는 매달 지급되면서 투자 원금은 그대로 보존된다. 셋째, 변동성이 크지 않고 원금이 소멸할 확률이 없다. 넷째, 수익은 더 높고 세금/비용은 적은데 스트레스가 없다. 다섯째, 심지어 환금성도 좋다.

부동산 투자의 경우 임대료가 미납되거나 공실 등이 발생한다면 받아야 할 돈을 못 받거나 하는 일이 생긴다. 세금 문제도 마찬가지다. 부동산은 세금이 정말 많다. 취득 시 들어가는 취·등록세, 부가가치세, 중개사 수수료가 있고 보유 시에도 종합소득세(임대), 종합부동산세, 재산세 등이 들어간다. 그 외 유지관리 수선비, 리모델링 비용, 보험 등등 많은 유지 비용도 무시할 수 없다. 물론 금융상품으로 받는 돈도 납입한 보험료 이상으로 받게 되는 순간 세금 이슈가 발생하지만, 그전까지는 발생하지 않기에 부동산만큼 복잡하지 않다. 자 그럼 자세히 얼마를 투자해서 얼마의 금액을 임대 수익처럼 받을 수 있는지 확인해보자.

0세 남자, 연 1억 원씩 2년 동안 총 2억 원 납입 가정 128세 만기
3년 차부터 총금액의 약 6%인 연 1,230만 원 (월 102.5만 원)씩 인출

매년 1억 원을 2년 동안 납입하여 총 2억 원을 내고 1년이 지난 3년 차부터 평생 매년 1,230만 원씩 월로 환산하면 매월 102만 5천 원씩 평생 부동산 임대 수익처럼 받게 된다. 참고로 저축보험은 연령에 따른 위험보험료가 부과되지 않기 때문에 40세가 가입을 하든 50세가 가입하든 완납 후 1년 뒤인 3년 차부터는 총납입금액의 6%씩을 평생 찾아 쓸 수 있다.

그렇다면 매년 1,230만 원씩 꺼내쓰는데 해약 환급금은 어떨까? 3년 차부터 계속 꺼내쓰는데도 불구하고, 36~65세 시점에도 해약 환급금은 1억 6천 ~ 1억 8천만 원 선을 유지한다. 그리고 80세쯤 되었을 때 그동안 꺼내쓴 누적 인출금액은 9억 4,809만 원 정도가 되고, 이때 해약 환급금은 내가 낸 총 원금인 2억에 도달하게 되며 그 후로 계속해서 상승곡선을 그리게 된다.

참고로 이 플랜에도 공식이 있다. 아래와 같이 완납 후 얼마나 거치를 하냐에 따라 더 많은 금액을 꺼내쓸 수 있고 마르지 않는 현금흐름을 만들어낼 수 있다.

2년 차 납입완료 후 바로 총금액의 5%
3년 차 총금액의 6%
5년 차 총금액의 7%
8년 차 총금액의 8%
10년 차 총금액의 9%
11년 차 총금액의 10%
13년 차 총금액의 11%
14년 차 총금액의 12%

필자가 이 플랜을 주로 추천하는 연령층이 또 있다. 바로 은퇴 직전 목돈을 가지고 있으시거나 IRP로 퇴직금을 받을 예정이거나 DC형 퇴직연금을 운용하고 있는 은퇴를 앞둔 분들이다. 이 경우도 은퇴 후 가지고 있는 돈을 쓰는 순간 사라지고 만다. 하지만 이 목돈을 다시 돈이 돈을 만드는 시스템인 2년 납 유배당 저축보험에 넣는다면 마르지 않는 현금흐름을 만들 수 있다.

가입 전 주의사항

유배당 달러 저축보험도 가입 전 주의사항이 있다. 이 상품은 쉬운 이해를 위해 월 납입으로 설명했지만, 기본이 연납이다. 1년 치를 한 번에 내야 하므로 목돈이 없으면 납입하기가 어려울 수 있다. 게다가 가입하는 순간부터 연 복리 6~7%로 굴러가는 것이 아니라 장기 상품인 만큼 완납한 후부터 굴러가기 시작한다. 그리고 이 상품도 마찬가지로 장점이 많은 만큼 단점이 있는데 바로 조기 해약 시 페널티가 크다는 사실이다. 실제 5년 납 기준 설계표를 보면 3년 차부터 해약 환급금이 발생하고 환급금 자체도 많지 않다. 내 원금 이상을 받기 위해서는 최소 8년 이상은 유지해야 한다는 사실 기억해주길 바란다.

🎯 요약 및 핵심 포인트

● 연 복리 유배당 저축보험의 자산 성장 효과

　이 상품은 납입완료 후 연 복리 6~7%의 배당을 통해 자산이 꾸준히 증가하며 필요할 때마다 인출해 사용할 수 있는 유연성을 제공한다. 이를 통해 연금이나 자녀 교육비, 여행 자금 등 다양한 용도로 활용 가능하다.

● 72의 법칙을 활용한 복리 효과

　연 7% 수익률을 기준으로 약 10년마다 원금이 두 배가 되어 자산이 기하급수적으로 증가한다. 10년, 20년 거치 후 연금처럼 인출할 경우 안정적인 노후 자금이 될 수 있다.

● 상속 및 증여의 유연성

　이 상품은 피보험자 교체가 무제한 가능하여 본인의 평생 연금 활용 후에도 자녀나 후손에게 상속, 증여가 가능해 세대 간 자산을 지속적으로 이어갈 수 있다.

● 금융부동산 플랜

　2년 납 상품을 활용해 3년 차부터 매년 총 납입금의 6%를 평생 인출할 수 있어 부동산 임대 수익처럼 매월 고정적인 현금 흐름을 창출할 수 있다. 추가로 은퇴 후 안정적인 현금 흐름을 원하는 분들에게 보장하는 대안 투자로 적합하다.

● 가입 전 주의사항

기본적으로 연납 상품으로 목돈이 필요하고 연 복리 6~7%가 적용되기까지 완납 후부터 성장이 시작된다. 조기 해약 시 환급금이 적으므로 최소 8년 이상 장기적으로 유지해야 한다.

8. 글로벌 금융회사 잘 고르는 5가지 기준

　7장을 통해 추천 드릴만한 글로벌 금융상품 5가지를 알려드렸다. 참고로 이것 말고도 더 혁신적이고 신기한 상품들은 많다. 하지만 한국 사람들의 정서와 성향에 맞는 상품으로 소개하는 것에 초점을 맞췄다. 이유는 단순하다. 한국 사람들의 금융에 관한 특징 중 하나는 '원금보장'을 좋아한다는 것이다. 100%는 아니겠지만 대체로 안전한 것을 좋아하고 안정적인 것을 좋아한다. 한국 퇴직연금 DC형의 70% 이상이 원금보장 형태의 안전자산으로 들어가 있는 것만 봐도 알 수 있다.

　그래서 이번 장은 굉장히 중요하다. 상품 자체의 기능과 수익률도 중요하지만 금융회사가 이런 것들을 뒷받침해줄 수 있는지도 그에 못지않게 중요하기 때문이다. 게다가 글로벌 금융사가 어떤 이유로 연 복리 6~7%의 배당을 꾸준히 줄 수 있는지 이 장을 읽고 나면 대략 이해가 될 것이다. 그럼 지금부터 필자가 그동안 시행착오를 겪으면서 깨닫게 된 글로벌 금융사를 잘 고를 수 있는 몇 가지 요소들을 알려드리겠다. 잘 모르겠으면 이 5가지를 확인한 후 결정하면 된다.

역사(History)

　예시를 하나 들어보겠다. 여러분이 신축 아파트로 이사를 하게 되었고 가전제품을 사야 하는 일이 생겼다. 그래서 인터넷을 검색해보니 그동안 들어보지 못했던 신생 회사에서 가전제품 광고를 하고 있다. 제품의 품질 기능 그런 것은 잘 모르겠지만 후기를 보니 가성비가 정말 괜찮은 것 같다.

그리고 역시나 인터넷에 가전제품 하면 딱 떠오르는 유명 브랜드가 뜬다. 이미 수십 년의 역사를 통해 이 브랜드의 가전제품이 좋다는 것을 알고 있고 지속적인 업데이트를 통해 계속해서 진화된 제품을 만들고 있는 회사다. 구매 후 A/S도 잘되고 어딜 가든 서비스센터가 있다. 그런데 역시나 가격은 착하지 않다. 그래서 두 브랜드 중 어느 회사 제품을 구매할지 고민을 시작했다.

당신이 위와 같은 상황을 겪고 있다면 어떤 회사의 제품을 선택할 것인가? 경제적인 상황이 너무 좋지 않아서 가성비만 따져야 한다면 신생 회사 제품을 선택할 수도 있겠지만 그게 아니라면 대부분 가전제품에 대해 여러 측면에서 입증된 회사를 대부분 선택할 것이다.

이 이야기를 금융사로 대입해보자. 한국에서 이름만 들으면 누구나 다 아는 1등 금융사 A가 있다. 이 회사는 아직 채 100년이 되지 않았다. 시야를 전 세계로 넓혀보자. 필자가 실제로 추천해드리고 있는 유배당 저축보험을 판매하는 회사 중 몇 개만 살펴보면 프랑스에서 1등하고 있는 모 금융사 B는 1817년에 설립되어 올해 207년이 되었고 이탈리아에서 1등하고 있는 모 금융사 C도 1831년에 설립되어 올해 193년이 되었다.

역사가 오래되었다는 것은 무엇을 의미할까? 그것은 수많은 시행착오를 겪으면서 발전해왔고 살아남았다는 뜻이다. 경영상의 위기도 있었을 것이고 경쟁에서 밀려 고민하던 시기도 있었을 것이고 수많은 오류와 문제들이 있었을 것이다. 이런 것들을 개선, 수정, 보완하면서 업데이트를 해왔고 이 모든 게 시스템으로 체계화가 된 것이다.

오랜 역사를 가진 금융사일수록 고객들이 만족할만한 상품을 만들어낼 수 있는 능력, 그들만의 노하우와 시스템이 있기에 해외 금융사를 선택할 땐 꼭 히스토리를 확인하길 바란다.

운용자산

두 번째, 자산운용규모가 큰 회사를 선택해야 한다. 이건 매우 심플하다. 질문을 해보겠다. 1,000억 원을 가지고 있는 자산가와 3천만 원을 겨우 모은 사회초년생이 있다고 가정하자. 둘 중에 누가 더 자산을 빠르고 크게 불릴 수 있을까? 당연히 전자이다. 이 책에서 여러 번 이야기 하고 있지만 돈이 돈을 만든다. 돈의 크기가 클수록 더 큰 돈을 만든다. 연 6~7%의 수익을 매년 고객들에게 배당하려면 당연히 회사는 돈이 많아야 한다. 그렇다면 이번엔 자산규모를 비교해보자.

A의 총자산은 약 340조 원이다. 사실 340조 원도 엄청나게 많은 자산이다. 이번엔 전 세계로 가보자. B의 자산은 약 9,400억 유로 (약 1,405조 원)이며 C의 자산은 약 6,560억 유로 (약 980조 원)이다. 약 3~4배 이상의 차이가 난다. 만약 여기서 1%의 수익을 냈다고 가정한다면, 국내와 외국 금융사의 수익 차이는 얼마나 날까? 여러분의 상상에 맡기겠다.

브랜드가치

세 번째는 브랜드가치가 높은 회사를 선택해야 한다. 금융은 특히 돈과 관련이 되어 있는 분야다. 만약 주기로 약속한 배당을 제대로 이행하지 않아 소비자들로부터 돈과 관련된 컴플레인이 많아지고 신뢰가 떨어지면 어떻게 될까? 당연히 그 회사의 브랜드가치는 떨어지게 되어 있다. 그렇다면 금융사의 브랜드가치가 높은지 낮은지 알고 싶을 때 어떻게 확인할 수 있을까? 지금부터 필자와 같이 확인해보자.

첫 번째는 '포춘 글로벌 500(Fortune Global 500)'이다. 포춘 매거진에서 전 세계에서 가장 큰 규모의 회사들을 대상으로 전년도 매출을 기준으로 기업들을 평가하여 순위를 매긴다. 선정 기준에 포함되는 주요 요소는 연간 매출액, 순이익 및 순이익률, 임직원 수, 자산규모 등 기타 지표이다.

그렇다면 이 사이트에서 2024년 기준 보험사의 순위를 확인해보자. B는 126위, C는 245위를 차지했지만, A는 아쉽게도 500등 순위에서 제외되었다. 참고로 포춘 글로벌 500은 전반적인 모든 산업군의 기업들이 다 포진되어 있고 매출 규모를 중점적으로 보기 때문에 쟁쟁한 기업들 사이에서 상위권을 차지하기가 쉽지는 않다. 2~3년 전과 비교를 해봐도 금융회사들의 순위가 전체적으로 낮아지기도 했다. 중요한 것은, 내가 찾는 금융회사의 순위가 포춘 글로벌 500안에 포함된다면 충분히 믿을만한 회사라는 것이다.

두 번째는 '인터브랜드(Interbrand)'이다. 이 회사는 매년 세계에서 가장 가치 있는 브랜드들을 평가하고 'Best Global Brands' 리스트를 발표하는 것으로 유명하다. 재무 성과, 브랜드의 고객 선택 영향력, 경쟁력 등의 요소를 종합하여 브랜드가치 순위를 매긴다.

2024년 베스트브랜드 100위를 찾아보니 애플, 벤츠, 맥도날드, 삼성 등 등 정말 쟁쟁한 브랜드가 상위권을 차지하고 있었다. 보험사는 유일하게 B만 48위에 랭크되어 있는 걸 확인했다.

마지막은 브랜드 파이낸스(Brand Finance)다. 이곳은 전 세계 수천 개의 브랜드를 대상으로 재무 성과, 브랜드 영향력, 고객 충성도 등 다양한 요소를 고려하여 브랜드가치를 산정하여 각 산업군과 국가별 브랜드 순위를 발표한다. 그렇기에 여기가 가장 객관적이라 볼 수 있다. 보험사들만의 순위를 확인할 수 있기 때문이다.

필자가 확인을 해보니 2024년 기준 A의 순위는 52위였다. 그리고 그 밑으로 한국의 보험사는 단 세 곳만이 존재했다. 글로벌 보험사들은 몇 위를 차지했을까? B는 4위를 차지했고, C는 12위를 차지했다. 그 외에도 필자가 주로 소개해드리고 있는 미국 글로벌 보험사도 14위에 해당했고, 캐나다 글로벌 보험사도 38위에 랭크되어 있는 걸 확인할 수 있었다.

지급이행률

네 번째는 이행률을 잘 지키고 있는 회사를 선택해야 한다. 6장에서 설명했듯이 홍콩에서 활동하고 있는 약 160여 개의 보험사들은 가입 시 매년 주기로 한 배당을 100% 이행했는지 공식 홈페이지에 공시해야 한다. 이 제도가 생긴 이래로 고객들은 내가 가입하려고 하는 회사 혹은 현재 가입 중인 회사의 홈페이지에 들어가 이 회사가 이행률을 잘 지키고 있는지 언제든지 모니터링 할 수 있다.

만약 내가 B의 유배당 저축보험에 가입하고자 해서 그 회사 사이트에 들어가 가입하려는 상품의 이행률을 확인해 보았더니 최근 5년 이행률이 5~60%가 나왔다고 가정하자. 그렇다면 당신은 그 회사에 내 돈을 맡길 수 있겠는가? 그럴 수 없을 것이다. 그렇기 때문에 100%에 가까운 이행률을 지속적으로 보여주고 있는 금융회사를 선택해야 하고 필자도 또한 그런 회사들로만 추려서 추천을 드리고 있다.

신용등급

마지막 다섯 번째는 신용등급이 우수한 회사를 선택해야 한다. 신용등급에 내해선 앞서 몇 번 언급 했지만 정말 중요하다. 한국 사람들이 글로벌 보험사에 대해 생소하다는 이유만으로 불안해하고 불신하는 경우를 필자는 많이 경험했다. 신용등급이 우수한 회사라 설명을 드려도 생각보다 신용등급이 우수하다는 것이 정확히 무엇을 의미하는지 이해하지 못하시는 분들이 많다는 걸 깨달았다. 다시 한번 말씀드린다. 신용등급은 금융사의 '안정성'을 확인할 수 있는 가장 신뢰할 만한 지표 중 하나이다.

이를 좀 더 쉽게 풀어보겠다. A라는 사람이 주택을 구매할 일이 생겨 은행에 대출을 신청하러 갔다. 필요한 대출금액은 3억 원이다. 이런 경우 은행에서는 이 사람의 어떤 것을 보고 3억 원이라는 큰 금액을 대출해줄 수 있을까? 이럴 때 필수적으로 신용 점수를 조회한다. 신용 점수는 신용카드 사용 시 연체는 없었는지, 신용 거래를 오랫동안 해왔는지, 부채는 없는지, 상환은 잘하고 있는지 등을 고려하여 최종적으로 점수가 부여된다. 신용 점수가 높고 연봉 수준이 괜찮다면 은행에서는 3억 원을 빌려줬을 때 나중에 충분히 갚을 수 있는 능력이 있는 사람이라고 판단되어 대출 실행이 승인될 수 있다. 그러나 신용 점수가 낮고 소득도 왔다 갔다 한다면 어떨까? 당연히 은행에서는 빌려줄 수 없다고 판단할 것이다. 즉, 신용 점수는 은행이 대출자에게 얼마나 돈을 빌려줄지 그만큼 신뢰할 수 있는지를 판단하는 지표라 할 수 있고 금융기관이 불확실성을 줄이고 위험을 관리하는 방법이다.

이와 마찬가지로 글로벌 보험사도 신용등급이 높을수록 더 신뢰할 만한 회사로 평가된다. 이 신용등급을 통해 보험사 선택 시 안정성과 신뢰도를 객관적으로 판단할 수 있다.

여기까지 설명을 듣고 나면 "그 중요한 신용등급을 대체 누가 평가하는 건데?"라는 질문이 떠오를 수 있다. 그래서 세계적으로 권위 있는 신용등급 평가기관 4곳을 간략히 소개한다.

S&P (Standard & Poor's) : 전 세계 금융기관, 기업, 정부의 신용등급을 평가하며 국가의 신용등급을 평가하는 대표적인 기관 중 하나이다. AAA부터 D까지 20여 가지 등급을 통해 신용도를 구체적으로 표현한다.

Moody's : 신용 리스크를 다루는 글로벌 평가기관으로 기업, 금융기관, 그리고 국가의 채무 상환 가능성을 평가한다. 독창적인 분석 모델을 통해 AAA에서 C까지의 신용등급을 부여한다.

Fitch Ratings : 글로벌 채권시장에서 조금 더 전문적인 신용평가기관이다. 금융기관과 국가의 채무 상환 가능성을 평가하는 기관이다. AAA부터 D까지의 신용등급을 부여하며 투자자의 채권 투자 결정에 중요한 역할을 한다.

AM BEST : 보험사 평가에 특화된 평가기관으로 자산 상태, 수익성, 리스크관리 능력을 종합적으로 평가하여 보험사의 안정성과 장기적인 지급 여력을 판단한다. A++에서 D까지의 등급을 부여하고 있다.

여기서 주목해야 할 부분은 AM BEST를 제외한 세 평가기관은 금융회사뿐만 아니라 '국가'의 신용등급까지도 평가한다는 점이다. 이는 매우 권위가 높다는 것을 증명한다. 최근 사례를 들어보면 2023년 8월 Fitch에서 미국의 신용등급을 AAA에서 AA+로 하향 조정했고 이후에도 같은 등급을 유지하고 있다. S&P에서도 이미 2011년에 미국 신용등급을 AAA에서 AA+로 하향 조정했고, 이후에도 같은 등급을 유지하고 있다. 미국 정부가 두 기관의 신용등급 하향 결정에 대해서 반박할 순 있겠지만, 절대 그 권위를 무시하고 바꿀 수는 없다. 그게 바로 신용등급의 무시무시한 힘이다.

자 그럼 다시 본론으로 돌아와 보자. 이런 권위 높은 신용등급 평가기관으로부터 우수한 신용등급을 받은 보험사라면 여러분이 생소하고 불안하게 느껴져서 믿든 믿지 않든 간에 재정적으로 매우 안정적이며, 고객의 보험금을 안정적으로 보장할 확률이 높다는 걸 의미한다. 그럼 글로벌 보험사들의 신용등급은 어떤지 살펴보자.

보험사 / 신용평가기관	S&P	Moody's	Fitch	AM BEST
미국(230년 역사)	A+ (우수한)	Aa3(우수한)	AA (매우 우수한)	A++(탁월한)
캐나다(150년 역사)	AA (매우 우수한)	Aa3(우수한)		A+(탁월한)
프랑스(200년 역사)	AA- (매우 우수한)	Aa3(우수한)		A+(탁월한)
이탈리아(193년 역사)		A3(양호한)	A+ (우수한)	A(우수한)

대부분 A등급 이상의 훌륭한 신용등급을 받았다. 어떻게 보면 이 등급이 텍스트로만 느껴질지 모르겠지만 어마어마한 의미가 들어있다. 필자는 그래서 A등급 이상의 평가를 받은 보험회사의 상품으로만 선택해서 추천을 드리고 있다.

정리해보자. 보험사를 선택할 때 신용등급은 매우 중요한 기준이다. 이러한 글로벌 평가기관들로부터 우수 등급을 받는다는 것은 해당 보험사가 고객의 자산을 안정적으로 관리하고 계약을 책임질 만한 능력이 있음을 보여준다. 개인이 대출 시 신용 점수가 낮으면 조건이 나빠지거나 거절될 수 있듯이 보험사의 신용등급도 마찬가지로 고객이 안전하게 자산을 맡길 수 있는지를 결정하는 중요한 지표가 된다.

🎯 요약 및 핵심 포인트

● 역사

오랜 역사를 가진 금융사는 여러 경제적 위기를 거치며 살아남은 노하우와 강력한 시스템을 보유하고 있다. 이는 신뢰성과 안정성을 높이는 중요한 요소로 금융사 선택 시 반드시 확인해야 할 요소이다.

● 자산운용규모

자산운용규모가 큰 금융사는 더 안정적으로 높은 수익을 유지할 수 있다. 규모가 클수록 운용가능한 자산도 많아지므로 더 큰 수익률을 기대할 수 있기 때문이다.

● 브랜드가치

신뢰도 높은 금융사는 브랜드 평가 지표인 '포춘 글로벌 500', '인터브랜드', '브랜드 파이낸스'와 같은 권위 있는 평가에서도 상위권에 위치한다. 브랜드가치가 높은 금융사는 고객과 시장에서의 신뢰가 높은 회사로 평가받기에 더욱 안정적인 상품을 제공한다.

● 지급이행률

홍콩의 보험사는 배당 지급이행률을 공시하고 있다. 이는 고객에게 약속한 배당을 얼마나 성실히 이행하고 있는지 보여주는 지표로 높은 이행률을 유지하는 금융사를 선택하는 것이 중요하다.

● 신용등급

　신용평가기관인 S&P, Moody's, Fitch, AM Best에서 우수한 신용등급을 받은 회사는 재정적으로 안정적이며 고객의 자산을 안전하게 관리할 가능성이 높다. 특히 AM Best는 보험사에 특화된 평가를 진행하며 나머지 기관은 국가 신용등급도 평가할 만큼 권위가 높다.

5

실전 사례와
미래 전망

| 9. 글로벌 금융시장에 대해 많이 하는 질문 BEST 9 |

어느덧 책의 후반부에 접어들었다. 이번 장에서는 필자가 글로벌 금융시장과 상품을 소개하면서 자주 받은 질문에 대해 답변하고자 한다. 앞서 다룬 내용과 일부 중복될 수 있지만 이 장을 통해 핵심을 명확히 정리해보려 한다.

가입 시 필요서류 및 절차는?

가입에 필요한 서류로는 여권, 영문등본, 통장 사본, 결제정보 등이 있다. 국내 금융상품에 가입할 때도 기본적으로 신분증이 필수이다. 실제 생존 여부와 거주지를 주민등록증이나 운전면허증을 통해 확인하는 것처럼 해외에서는 국제적으로 통용되는 신분증명서인 여권이 그 역할을 한다. 하지만 여권에는 주소지가 기재되어 있지 않기 때문에 영문등본을 통해 거주지를 추가로 증빙하게 된다. 통장 사본은 자금을 꺼내쓰거나 만기 환급금을 받을 때 필요하고 결제정보는 송금이 아닌 카드 결제 시에 카드 정보를 입력해야 한다. 필요서류가 준비되었다면 청약 요청을 하고 각 회사의 프로세스에 맞춰 진행된다. 기본적으로 유배당 저축보험은 청약서류를 작성하여 우편으로 보내거나 직접 방문해서 청약할 수 있다. 그 외 월 적립식 달러 저축상품들은 온라인 청약이 가능하기에 종이 서류 없이 청약할 수 있다.

가입 이후 A/S 문제가 걱정된다

국내 보험상품에 가입하면 추후 보험금 청구나 보험에 대한 자문이 필요할 때 담당자를 통해 편리하게 도움을 받을 수 있다. 글로벌 금융상품 역시 마찬가지다. 앞서 언급했듯이, 홍콩에는 개발된 보험상품을 판매하는 판매사가 있고 홍콩 내에서도 직접적인 고객 관리를 위해 현지에 서비스팀이 운영된다. 그러나 물리적인 한계로 한국 고객을 직접 관리하기는 어렵기 때문에 한국 내 금융 지식을 갖추고 있는 서비스 회사와 협업하여 한국 고객을 지원하고 있다. 이를 통해 한국 역외보험 소비자들도 국내 보험과 비슷한 형태로 도움을 받을 수 있다.

서비스 회사가 하는 일은 가입 방법 및 서류안내를 도와주고 가입 이후 증권 수령 시 금융상품에 대한 정확한 설명을 제공한다. 게다가 인출 등의 사후 관리도 지원한다. 즉, 한국에서도 A/S를 받는 것이 가능하다.

영어를 못하는데 가입해도 괜찮을까?

아무리 수익률이 높고 안전한 상품이라 해도 글로벌 금융상품 가입을 불편해하는 분들이 있다. 서류가 영어로 제공되다 보니 가입 후 내용을 이해하기 어렵거나 문의 사항이 생겼을 때 전화 상담조차 힘들 것 같다는 우려 때문이다.

결론부터 말하자면, 영어를 할 줄 알면 물론 유리하겠지만 그렇지 않더라도 전혀 문제 될 것이 없다. 그 이유는 두 가지다. 첫째, 홍콩에는 한국인 고객을 위한 한국인 직원들이 있다. 실제로 한국의 가입자가 늘면서 홍콩 금융사들은 한국인 직원을 다수 채용하여 소통을 원활하게 하고 있다. 둘째, 앞서 설명했듯이 한국 내 서비스 회사가 있어 상품에 대한 설명을 상세히 안내받을 수 있다. 또한, 요즘에는 Chat GPT와 같은 AI 번역 서비스가 발달해 있어 영어를 몰라도 필요한 정보를 손쉽게 번역할 수 있다.

글로벌 보험사가 한국에도 있다면 국내에서 가입할 수 있지 않을까?

결론부터 말하면 불가능하다. 같은 보험사라고 해도 국내와 해외에서 제공하는 상품은 다르다. 예를 들면 신라면이 있다. 한국 신라면은 매운맛이 강하고 다시다를 사용해 깊은 맛을 강조하지만, 일본은 건더기와 채소에 더 중점을 둔다. 미국에서는 고소한 소고기 풍미가 강조된다. 이처럼 음식조차도 각국의 소비자 취향과 규제에 맞춰진다. 자동차도 예외는 아니다. 예를 들어 테슬라는 2015년까지 홍콩에서 자율주행 기능 사용이 금지되었다. 이는 홍콩 교통부가 자율주행이 차량 안전에 미치는 영향을 엄격히 규제해 승인된 시스템만 사용할 수 있도록 했기 때문이다. 이처럼 무형이든 유형이든 모든 상품은 각 나라의 법과 제도에 따라 경쟁력을 갖출 수 있도록 조정되어 들어온다.

그럼 만약 일본 신라면을 먹고 싶다면 어떻게 해야 할까? 한국 편의점에서는 판매하지 않기 때문에 일본에 직접 가서 구매하거나 해외직구로 사야 한다. 금융상품도 마찬가지다. 외국 보험회사가 한국에서 상품을 공식적으로 판매하려면 금융감독원의 승인이 필요한데 이를 위해서는 국내의 법과 제도에 맞춰 상품이 조정되어야 한다. 한국은 IMF 이후 배당상품은 자취를 감추었고 무배당 상품만이 허용되고 있다. 따라서 같은 보험사라도 한국에서는 무배당 상품만 제공되기 때문에 유배당 저축보험을 원한다면 홍콩과 같은 해외에서 허가받은 상품으로 가입해야 한다.

홍콩에서 판매하는 역외보험, 중국 리스크는 없나?

정치적 우려가 있는 것은 사실이지만, 금융 관점에서는 이야기가 다르다.

첫째, 중국도 홍콩을 역외 금융으로 적극적으로 활용하고 있다는 점이다. 중국 자본은 홍콩을 통해 자유롭게 유입되고 유출되며 홍콩은 중국이 국제 투자자들과 거래하는 관문 역할을 하고 있다. 또한, 위안화 국제화에도 홍콩은 중요한 거점으로 전 세계 위안화 거래의 상당 부분이 홍콩을 통해 이루어진다. 이러한 상황에서 중국 내에 대체 금융허브가 생기지 않는 한 홍콩은 여전히 핵심 금융허브로서 역할을 지속할 가능성이 높다.

둘째, 170여 개 은행과 160여 개 보험사가 홍콩에 자리하고 있다는 점이다. 홍콩이 중국에 반환된 지 수십 년이 지났지만, 여전히 철수하지 않고 오히려 홍콩을 아시아 및 세계 금융의 거점으로 유지하고 있다. 이는 홍콩이 일국양제(One Country, Two Systems) 아래 독립적인 법률과 규제를 유지하며 특히 금융과 상업 분야에서는 안정적인 법적 환경을 제공하고 있기 때문이다. 홍콩은 국제 금융 중심지로서 여전히 매력적인 곳이다.

셋째, 홍콩에서 가입하는 것이 여전히 불안하다면, 홍콩 라이센스를 받은 다른 국가의 금융상품을 선택할 수도 있다. 예를 들어, 미국, 영국, 캐나다, 프랑스, 이탈리아 등 여러 나라의 다양한 금융상품이 홍콩 내에서 제공되므로 국가에 따른 안정성이나 신용도를 확인하고 선택할 수 있다.

홍콩 ELS 손실 사례처럼 홍콩 역외보험도 위험한가?

홍콩 ELS와 홍콩 보험상품은 성격이 완전히 다른 금융상품이다. 먼저 홍콩 ELS는 특정 주가지수 변동에 따라 수익이 결정되는 주가 연계 증권(Equity-Linked Securities)으로 원금보장이 되지 않는 고위험 금융상품이다. 한국에서는 일부 은행직원들이 실적을 채우기 위해 은행을 방문한 고객 특히 어르신들에게 이 상품을 불완전 판매한 사례가 있었다. ELS는 원금이 보장되지 않으므로 시장 상황에 따라 손실 가능성이 크지만 일부 은행에서 이를 불완전 판매하여 큰 피해가 발생했다.

반면, 홍콩의 역외보험상품은 ELS와 다르게 기본적으로 원금보장이 되는 보험상품이다. 홍콩 보험상품은 은행에서 판매하는 ELS와는 달리 보험회사를 통해 제공되며 주로 저축성 보험이나 유배당 저축보험처럼 장기적으로 자산을 보호하고 성장시키는 목적이 있다. 이 상품들은 주가지수에 연동되는 ELS와는 달리 일정한 수익을 제공하며 변동성이 낮아 안정성이 높다. 따라서 홍콩 보험상품은 ELS와 전혀 연관이 없고, ELS로 인한 손실 사례와는 다르게 고객의 자산을 안정적으로 보호할 수 있는 금융상품이라는 점을 기억해주길 바란다.

해외라 불안한데 믿고 가입해도 될까?

글로벌 금융상품에 대한 불안감은 충분히 이해할 수 있다. 인터넷만 검색해봐도 엄청난 수익률을 자랑하며 투자하도록 유도하는데 자세히 들어가 보면 사기인 경우가 많고 피해자도 많다. 그런 뉴스를 접하다 보면 왠지 내가 알아보고 있는 이 금융상품도 같은 종류의 그런 게 아닐까 하는 의구심이 들 수 있다. 하지만 이는 우리가 처음 외국산 제품을 접할 때 느꼈던 불안과 비슷하며 다양한 인증제도를 통해 신뢰를 형성한 과정과 같다는 것을 알아야 한다. 예를 들어, 우리가 먹는 식품과 사용하는 제품들은 안전인증을 받은 것이다. 식품안전관리인증기준이라 부르는 HASSP 인증은 엄격한 기준을 충족한 식품만 받을 수 있다. 또한 KS 인증이나 KC 인증은 전자제품, 장난감 등의 안전성을 보증하는 인증이다. 이러한 인증 덕분에 소비자는 제품의 원산지와 무관하게 안전하다고 믿고 제품을 사용할 수 있는 것이다.

불안하다는 이유만으로 아는 사람들은 이미 경험하고 있는 글로벌 금융상품을 막연한 불안감 때문에 하지 못하겠다고 말하는 것은 남들은 HASSP 인증을 믿고 안심하고 외국산 소고기를 사 먹는데 그걸 믿지 못해서 평생 외국산 소고기를 먹지 못하고 사는 것과 같은 것이다.

그렇다면 글로벌 금융상품은 뭘 보고 인증이 가능할까? 앞에서 언급했듯이 금융상품의 경우, S&P, Moody's, Fitch, AM Best와 같은 국가의 신용등급까지 평가하는 권위 있는 신용등급 평가기관들이 금융사의 안정성과 신뢰도를 평가한다. 신용등급이 높은 금융사는 국가 경제 상황이 변동하더라도 안정적으로 자산을 보호할 가능성이 크다. 다시 말해, 신용등급이 금융상품의 안전성을 보증하는 인증 시스템인 것이다.

하나 더 예시를 들자면, 애플(기업)도 전 세계에서 제조 공장을 운영하고 있고 일부 부품은 미국이 아닌 동남아시아 등지에서 생산된다. 하지만 엄격한 품질 기준과 인증 절차 덕분에 전 세계 소비자는 아이폰의 품질에 대해 불안감을 가지지 않는다. 애플은 제조 과정을 철저히 관리하여 최종 제품이 동일한 품질을 유지하도록 노력한다. 마찬가지로, 신용등급 평가기관의 인증을 받은 해외 금융상품도 체계적인 검토와 평가를 통해 안정성과 신뢰성을 보장받는 것이다.

만약 여기까지 설명을 들었음에도 불안하다면 구글에 들어가 글로벌 금융회사 사명을 검색해보길 바란다. 유사 수신과 금융상품은 본질적으로 다르다. 이 부분을 받아들이지 못한다면 안전하면서도 안정적으로 내 자산이 매년 꾸준하게 늘어나는 좋은 경험을 평생 경험하지 못할 수도 있다.

말도 안 되는 수익률인데 믿어도 될까?

내가 경험하지 못했다고 해서 그것이 거짓이라고 할 수는 없다. 프랑스 글로벌 보험사를 예로 들어보자. 우리나라 포함 전 세계 51개국에 진출해 있고 14만 5천 명 이상의 직원이 있으며 약 9,300만 명의 개인 and 기업 고객을 보유하고 있다. 만약 여러분 말대로 사기라면 이 회사의 약 9,300만

명의 고객들과 기업들은 모두 잘못된 선택을 한 것일까? 현재 사기를 당하고 있는 것일까? 만약 그 회사가 제공하는 수익률과 배당이 허위였고 신용등급평가도 거짓이라면 이 규모의 고객과 신뢰를 유지할 수 있었을 리가 없다. 그런데 오히려 이 회사는 꾸준히 성장하며 그 신뢰를 입증해왔다.

문제는 수익률에 대한 인식 차이다. 한국에서는 연 복리 6~7%의 수익률이 흔치 않아 이 수익률이 비현실적으로 느껴질 수 있다. 그러나 글로벌 금융시장에서는 다양한 자산과 리스크를 관리하여 이 정도 수익률을 제공하는 것이 충분히 가능하다. 충격적인 사실은 홍콩 사람들 입장에서 연 복리 6~7% 수익률은 대단한 수익률이 아니라는 사실이다. 현지에 가보면 그런 반응을 느낄 수 있다. 지금까지 고정관념에 얽매여 있었다면 이번 기회를 통해 사고의 유연성을 키워보길 바란다.

연 복리 6~7%의 배당은 확정인가?

실제 가입설계표에서 배당(Dividend)은 "비확정(Non-Guaranteed)"으로 표기된다. 이 때문에 일부 사람들은 "확정이 아닌데 매년 배당을 준다고 하는 건 말이 안 되지 않나?"라는 의문을 제기한다. 또한 설계표에는 "특정 상황에 따라 배당이 0이 될 수도 있다"라는 문구도 있어 이를 보고 믿지 못해 필자에게 따졌던 소비자분도 계셨다.

그렇다면 왜 배당이 확정이 아닌데도 매년 일정 수준으로 배당을 주는 것일까? 배당은 보험사의 운용수익으로 지급되는 것이다. 즉, 보험상품이라는 안정적인 틀 안에서 운용성과에 따라 배당이 결정된다. 보험사는 상황에 따라 연 복리 6~7% 이상의 배당을 줄 수도 있고 그 이하가 될 수도 있다. 이전에는 배당 이행률이 매년 일정하지 않았지만 지급이행률 공시제도가 도입되면서 보험사들은 100%의 이행률을 지켜야 했다. 이로 인해 수익률을 보다 신중히 관리하게 되었고 그 최소 수준이 연 복리 6~7%로 설정된 것이다.

설계표에 명시된 "특정 상황에서 배당이 0이 될 수도 있다"라는 문구는 매우 드문 상황에 대비하기 위한 것이다. 예를 들어, 우리가 건강검진 중 내시경 검사를 받을 때 사전 동의서를 작성하는 것과 비슷하다. 내시경 검사 중 문제가 발생해 사망할 확률은 극히 드물지만, 0%가 아니기 때문에 병원은 동의서를 받는다. 보험사도 같은 이유로 전쟁이나 글로벌 셧다운 같은 예외적 상황에 대비해 이 문구를 넣어두었다. 이는 보험사들이 200년이 넘는 역사 속에서 제1차, 제2차 세계대전 등 극단적 상황을 경험한 바 있고 이는 보험감독국의 지시 사항이기도 하기 때문이다. 즉, 배당을 주고 싶지 않아서가 아니라 법적으로 추가한 문구이다.

결론적으로 중요한 것은 배당이 확정이냐 아니냐가 아니라 실제로 약속한 배당을 100% 이행하고 있는지이다. 이를 확인하려면 홍콩의 지급이행률 공시제도를 참고하면 된다. 이 제도를 통해 보험사는 안정적으로 배당을 주고 있음을 증명한다. 또한 혹여나 제3차 세계대전 같은 최악의 상황에서도 배당이 0이 될 수 있지만 원금 손실이 발생하지는 않으므로 투자 안정성 측면에서도 안심할 수 있다.

| 10. 글로벌 금융상품의 실전 활용 |

투자를 통해 변화된 저자의 자산과 마인드

필자는 글로벌 금융시장을 알게 된 후 약 1년간 나만의 검증시간을 가졌다. 필자는 내가 정말 좋다고 느껴야만 남들에게 추천하고 소개하는 스타일이다. 그런데 이 분야는 국내와 비교했을 때 한국 소비자들에게 오히려 역효과가 날 것 같았다. 이유가 어이없겠지만 상품이 너무 좋아서다. 그래서 '먼저 내가 검증해보고 괜찮으면 나부터 경험한 후에 알려줘도 늦지 않겠다'라는 생각이 들었다.

안전하다는 결론이 나자 필자부터 가입했다. 실제로 가입할 때 필요한 서류는 무엇인지 서류 발급 절차는 어떻게 되는지 등을 확인하고 가입 절차와 가입 이후 받는 계약서류를 어떻게 꼼꼼히 확인해야 하는지도 파악했다.

처음으로 가입한 해외 금융상품은 유배당 저축보험이 아닌 선이자가 지급되는 월 적립식 펀드 상품이었다. 그 이유는 필자가 주식이나 코인 같은 '투자'를 해본 적이 거의 없었고 그동안 예·적금만 해왔기에 투자 자체에 대한 막연한 두려움이 있었기 때문이다. 이렇게 해서 처음으로 글로벌 금융상품에 투자하게 되었다. 지금이야 글로벌 자산운용사에 내 돈을 맡겨 수익을 내고 있다 자랑할 수 있지만 당시에는 사실 투자 개념도 제대로 이해하지 못한 상태였다. 더군다나 시작하자마자 수익이 나지 않아 내 돈을 잃을까봐 매일 계정에 로그인해 그래프만 들여다보던 기억이 난다. 지금 와서 그때를 떠올리면 부끄럽고 민망하다. 투자에 대한 마인드와 전문지식이 부족해서 생긴 일이었다. 다행히도 필자를 도와주는 서비스 회사의 전문가분들이 펀드 선택을 도와주었고 하락장 시기에는 달러로 전환하는 등 알아서 수익을 보호할 수 있도록 관리해 주었다. 이런 과정을 거치며 필자도 글로벌 최상위 자산운용사들이 운용하는 펀드를 공부하기 시작했고 지금은 큰 틀 안에서 필자가 원하는 방향으로 조금씩 운용 방식을 변형해가고 있다.

월 적립식 상품으로 수익을 내기 시작한 이후에는 유배당 저축보험에도 가입하게 되었다. 그 당시 필자의 재정 상황에 부동산자산이 포함되어 있어 많은 금액을 투자하진 못했지만 당시의 나이가 지금보다 젊었기에 시간의 힘을 기대하며 시작하게 되었다. 가입 후 약 6개월이 지나 공식 홈페이지에 접속해 증서 번호를 인증하여 고객용 아이디를 만들고 가입 상품에 대한 계약 조회도 해보았다. 국내 보험과 크게 다르지 않았으나 매년 보험료 납입 후 연차보고서가 우편과 온라인으로 발송되는 점이 신기했다. 이 연차보고서를 통해 배당 지급이행률이 100% 지켜졌는지 확인할 수 있었다. 예를 들어, 보고서의 배당이 주기로 한 배당보다 1% 높게 확정된다면 이후 전체 이행률도 101%로 기록된다. 반대로, 주기로 한 배당보다 1% 덜 지급되면 이행률은 99%로 기록되는 것이다. 배당형 저축보험의 경우 실제 가입을 해서 경험해보니 가입 전, 후가 상당히 다르다는 걸 느끼게 되었다. 증서의 내용을 확인해 보니 상당히 구체적이었고 금융상품이라는 것에 의심의 여지가 없었다. 게다가 딱히 내가 수익을 내기 위해 할 일도 없었고 지급이행률만 확인하면 되었기 때문에 훨씬 심플했다.

정리하겠다. 글로벌 금융시장을 몰랐다면 필자는 여전히 은행 예·적금만 하면서 원금보장에 만족했을 것이다. 아니면 주위의 권유로 주식이나 코인에 투자해 큰 손해를 볼 수도 있었을 것이다. 그러나 글로벌 금융상품을 직접 경험하면서 안전장치가 있는 글로벌 자산운용사와 꾸준히 배당을 주는 글로벌 보험사에 내 돈을 맡겨 안정적으로 수익을 내게 되었고 투자에 대한 두려움도 사라졌다.

실제 투자자들의 경험과 조언(인터뷰)

이O형님 부부 (30대 초반 신혼부부)

Q1. 저축을 현재 월 어느 정도 하고 계신가요? 그리고 저축해온 기간은 얼마나 되셨나요?

A. 월 80~100만 원 정도 저축하고 있습니다. 아직 1년이 조금 안 됐습니다.

Q2. 달러 저축을 시작하기 전에는 어떤 방식으로 저축을 해오셨나요?

A. 은행 예·적금만 해봤습니다.

Q3. 다양한 저축 및 투자 방식이 있는데, 글로벌 금융상품을 선택한 이유는 무엇인가요?

A. 많은 상품을 접해보지는 못했지만, 글로벌 금융상품이 수익이 높다고 생각해서 선택하게 되었습니다.

Q4. 한국에서는 접해보기 힘든 기능과 익숙지 않은 내용들이 많은데 불안하거나 의심이 들진 않으셨나요?

A. 상품 설명을 듣고 수익률이 매우 좋다고 느껴져서 첫 미팅 후 바로 하기로 마음을 먹었었는데 해외 결제라는 시스템이 신뢰가 가지 않았습니다. 회사명도 상품명도 익숙하지 않았고요. 그래서 처음엔 불안해서 결국 시작하지 못했고 다시 시작하기까지 약 1년 반 정도의 시간이 걸렸어요. 이후에도 담당자님을 통해 계속해서 글로벌 금융시장과 상품에 대한 정보를 듣게 되었고 다른 대안을 찾지 못하게 되면서 조금씩 불안함과 생소함이 사라지게 되었습니다. 그러다 보니 어느새 하고 있더라구요^^;

Q5. 가입 이후 주변 사람들에게 본인이 하고있는 금융상품을 소개해보셨나요? 소개했을 때 주변 사람들의 반응은 어땠나요?

A. 아직 저희도 시작한 지 얼마 되지 않아서 소개는 못해봤습니다^^ 나중에 경험이 쌓이고 수익률이 만족스러워지면 자연스럽게 소개하게 되지 않을까 싶어요.

Q6. 현재 배우자님과 함께 달러 저축을 해오고 있는데 수익률은 만족하시나요? 그리고 다른 방법으로 비슷한 수익을 얻어본 경험이 있으신가요?

A. 시작한 지 얼마 안 돼서 수익률은 아직 만족스럽다고는 못할 것 같습니다. 그렇지만 상품이 가지고 있는 안전한 보호장치가 있고 배당형 저축보험의 경우 연 복리 6~7%의 배당을 꾸준히 주기 때문에 장기적으로 미래를 보고 계속해서 가져가려고 합니다.

Q7. 아직 이 시장을 모르는 분들에게 한 말씀 해주신다면?

A. 저도 처음에 불안해서 거절했다가 1년 반 뒤에 다시 시작해서 보니 지나간 시간들이 굉장히 아까웠습니다. 그래서 제가 드리고 싶은 말씀은 저처럼 시행착오 겪지 마시고 빨리 시작하셨으면 좋겠어요. 확실히 국내보다는 해외가 확실히 더 높은 이익을 가져올 수 있다고 생각합니다. 고민하면 늦습니다!

이O은님 부부 (30대 중반 신혼부부)

Q1. 저축을 현재 월 어느 정도 하고 계신가요? 그리고 저축해온 기간은 얼마나 되셨나요?

A. 월 100~110만 원 정도 저축하고 있습니다. 이 방식으로 저축해온 지는 약 4년 정도 되었습니다.

Q2. 달러 저축을 시작하기 전에는 어떤 방식으로 저축을 해오셨나요?

A. 주로 은행의 단기 적금과 예금에만 저축했고 남편은 저축 목적으로 종신보험에 가입했습니다. 물론 지금은 해지했고 연 복리 7%로 굴러가는 유배당 저축 플랜에 가입했고요.

Q3. 다양한 저축 및 투자 방식이 있는데, 글로벌 금융상품을 선택한 이유는 무엇인가요?

A. 그 당시 제 주변에서 투자하려면 ETF에 투자해야 한다. 이런 이야기가 많이 들렸고 인터넷에서도 많은 광고가 나오는 것을 보면서 관심이 생기기 시작했습니다. 그런데 ETF도 투자 상품이다 보니 안전성에 대한 우려가 있었죠. 그때 마침 똑같은 유형의 투자 상품인데 내 원금과 수익을 지켜줄 수 있는 안전한 보호장치 기능이 있다는 걸 알게 되었고 알면 알수록 "왜 진작 시작하지 않았을까?" 하는 아쉬움이 들었어요. 국내에서 제공하는 저축상품과는 성격이 많이 달라, 운용 방식이나 수익률에서 더 큰 매력을 느꼈습니다.

Q4. 한국에서는 접해보기 힘든 기능과 익숙지 않은 내용들이 많은데 불안하거나 의심이 들진 않으셨나요?

A. 전혀 불안하지 않았다면 거짓말일 거 같아요. 남편과 같이 시작했는데 남편은 가입하고 나서도 계속 사기 아니냐고 불안해했어요. 하마터면 그 불안감이 저한테도 옮을 뻔했죠. 불안감이 생길 때마다 저는 이 상품을 추천해주신 담당자님에게 연락했어요. 제 경우엔 좋은 상품보다는 그 상품을

권유하고 판매하는 담당자가 제일 중요했거든요. 담당자님은 제 경험상 정직하고 솔직한 분이라는 확신이 있었기 때문에, '그런 분이 권유해 주시는 상품이면 무조건 하는 것이 맞다'라는 생각이 들어서 별로 고민하지 않았어요. 지금 와서 보니 정말 잘한 선택 같아요.

Q5. 가입 이후 주변 사람들에게 본인이 하고 있는 글로벌 금융상품을 소개해보셨나요? 소개했을 때 주변 사람들의 반응은 어땠나요?

A. 글로벌 금융상품은 금융 지식이 있거나 투자에 관심이 많은 경우 어느 정도 대화가 되는데 그게 아닌 경우 대화가 잘 이어지지 않아서 먼저 소개는 많이 못해 봤어요. 다만 주변에서 먼저 "너 저축 어떤 거 해? 투자는 하고 있어?" 이렇게 물어볼 때만 소개해주고 있습니다. 소개했을 때 주변 사람들의 반응은 수익률 때문에 놀라는 게 절반, 의심의 눈초리로 보는 게 절반 같아요. 한번은 증권회사에서 일한 경험이 있는 지인과 주식, ETF 등 투자에 대해 이야길 나눈 적이 있었어요. 그래서 제가 하는 달러 저축상품과 현재 수익률을 말해줬더니 그런 상품이 어디 있냐며 나를 마치 사기당한 사람처럼 취급하더군요. 순간 억울하기도 하고 무시당하는 느낌이 들었어요. 그래서 담당자님을 통해 현재 가입현황과 수익률 구조에 대해 눈으로 확인할 수 있는 자료를 보여줬더니 그제서야 제 말을 믿더군요. 그래서 이 사건 이후로는 일일이 설명하는 것도 힘들고 그래서 달러 저축에 관심 있는 지인에게는 아무 소리 안 하고 제 담당자님을 연결해주고 있어요. 제가 이야기하는 것보다 전달이 더 잘 되는 것 같습니다.

Q6. 현재 배우자님과 함께 달러 저축을 해오고 있는데 수익률은 만족하시나요? 그리고 다른 방법으로 비슷한 수익을 얻어본 경험이 있으신가요?

A. 솔직히 국내에 있는 다른 저축상품에 같은 금액을 넣었다면 지금의 수익을 내기는 어려웠을 것 같아요. 현재의 수익률에는 상당히 만족하고 있습니다. 예전에 일반적금 만기이자 정도를 기대해본 적이 있지만 거기서도 이자 소득세를 제외하고 나면 실제 수익은 크지 않더라고요. 내 돈이 그대로 안전하게 잘 지켜지고 있다는 안도감 그것만 있는 것 같습니다. 그런데 현재 경험하고 있는 달러 저축 방식은 내 돈이 안전하게 지켜지고 있다는 안도감과 수익까지 경험할 수 있어서 만족스럽네요.

Q7. 아직 이 시장을 모르는 분들에게 한 말씀 해주신다면?

A. 생업이 바쁘고 힘들어도 어차피 버는 돈이고 기왕 저축하는 돈이라면 조금 더 효율적으로 투자했으면 좋겠어요. 원금만 보존하는 게 아니라 계속해서 돈이 일하게끔 하는 시스템을 구축하셨으면 좋겠어요. 그래서 단타로 치고 빠지는 주식이나 코인 빚투처럼 너무 한탕주의에 빠지지 않으셨으면 좋겠고 정해진 기간동안 진득하게 투자하고 기다리다 보면 어느새 불어나 있는 나의 자산을 확인하고 더 저축하고 싶은 마음이 여러분도 생기시길 바랄게요!

임O지님 (30대 초반 직장인)

Q1. 저축을 현재 월 어느 정도 하고 계신가요? 그리고 저축해온 기간은 얼마나 되셨나요?

A. 월 60만 원 정도 저축하고 있습니다. 이 저축한 지는 거의 3년 다 됐습니다.

Q2. 달러 저축을 시작하기 전에는 어떤 방식으로 저축을 해오셨나요?

A. 이전에는 수입이 고정적이지 않았고 정직원으로 근무한 것이 아니라 저축이라고 해봤자 10~20만 원 정도였습니다. 그래서 은행 예·적금과 주택청약 그리고 정부에서 지원해주는 저축 정도만 해봤습니다.

Q3. 다양한 저축 및 투자 방식이 있는데, 글로벌 금융상품을 선택한 이유는 무엇인가요?

A. 제대로 된 직장에 취직하게 되면서 이제 맘 잡고 제대로 저축을 시작해야겠다고 생각했는데 그 타이밍에 글로벌 금융상품을 알게 되었습니다. 사실 그 시기에는 다른 금융상품은 알지 못하는 상황이었는데 상품 내용이 굉장히 맘에 들어서 무작정 시작하게 된 거 같아요. 어떻게 보면 무모한 도전이었죠^^;

Q4. 한국에서는 접해보기 힘든 기능과 익숙지 않은 내용들이 많은데 불안하거나 의심이 들진 않으셨나요?

A. 의심되고 불안했던 건 사실 당연한 것 같아요. 한국에서 쉽게 접할 수 있는 금융상품은 아니니까요. 그래서 고민이 됐던 것도 사실인데 아무래도 맘이 기울었던 건 금융에 대해 잘 알고 있었던 담당자님 비중이 컸던 거 같습니다. 게다가 상품의 내용을 들었을 때 좋다고 느꼈기 때문에 여러 리스크를 무릅쓰고 투자의 개념으로 시작하게 되었습니다!

Q5. 가입 이후 주변 사람들에게 본인이 하고있는 글로벌 금융상품을 소개해보셨나요? 소개했을 때 주변 사람들의 반응은 어땠나요?

안 해봤습니다. 사실 못 해봤다는 게 정확한 표현일 거 같습니다. 좋다는 걸 알아도 주변 사람들에게 잘 설명해줄 자신이 없고 이걸 소개했을 때 이상한 사람으로 볼 것 같아서 못 했습니다. 그래서 지금은 만나서 설명 들어보라고 연결만 해주고 있고 가볍게는 나 이런 저축 하고 있어 정도만 말해주고 있습니다.

Q6. 현재 수익률은 만족하시나요? 그리고 다른 방법으로 비슷한 수익을 얻어본 경험이 있으신가요?

A. 만족합니다. 다른 방법으로 수익을 얻어본 경험은 정부에서 지원해준 저축 말고는 없어서 사실 제대로 경험을 했다고는 할 수 없을 것 같습니다.

그나마 은행에서 해본 거는 정말 치킨 한 마리 사 먹을 정도의 미미한 수익이다 보니 글로벌 금융상품으로 낸 수익률이 사실 지금도 잘 믿기지 않을 때가 있습니다^^; 몇 번 설명을 듣기는 했지만 도대체 어떤 구조이길래 이런 결과가 나오는지 너무 신기해요. 어쨌든 결론적으론 수익이 많이 나서 좋습니다^^

Q7. 아직 이 시장을 모르는 분들에게 한 말씀 해주신다면?

A. 일단 관심이 있으시다면 처음부터 배제하지 말고 설명을 자세히 들어보고 비교해보고 선택하는 것을 추천 드립니다. 요즘 해외주식도 많이 하잖아요? 시대가 시대인 만큼 시중에 나와 있는 금융상품들이랑 공부 및 비교도 해보고 충분히 검증해보고 선택해도 괜찮다고 생각합니다. 저는 월에 약 60만 원 저축하고 있지만 더 작게도 시작할 수 있어요. 불안하다면 최소 단위로 시작해서 몇 달 직접 경험해보세요. 그때 가서 판단해도 늦지 않습니다. 저도 변화와 새로운 무언가를 받아들이는 걸 싫어하는 성격인데 움직이지 않으면 아무것도 바뀌지 않는다고 생각합니다. 이 책을 읽게 될 독자분들이 현명한 선택 하셔서 자산을 많이 늘리시기를 응원하겠습니다!

박*혁 고객님 (30대 초반 직장인)

Q1. 저축을 현재 월 어느 정도 하고 계신가요? 그리고 저축해온 기간은 얼마나 되셨나요?

A. 현재는 결혼 준비 중이라 저축을 일정하게 하고 있지는 못합니다. 가능할 때는 약 60만 원씩 저축하고 있고 결혼 준비 전에는 약 120만 원을 저축했습니다. 그리고 저축해온 기간은 5년 가까이 됐습니다.

Q2. 달러 저축을 시작하기 전에는 어떤 방식으로 저축을 해오셨나요?

A. 사실 그전에는 저축을 어떻게 시작해야 할지 몰랐고 또래 친구들마다 저축하는 방법도 다 달랐기 때문에 입문하기가 어려웠습니다. 그래서 가장 보편적인 방법으로 제가 쓰고 있는 주거래 은행 앱에 들어가서 상품들을 살펴봤어요. 주로 청년을 대상으로 한 상품들이 적합해 보여서 바로 가입했고 매월 납입 했습니다. 하지만 매월 최대 납입금액은 20만 원밖에 되지 않아서 2년을 꼬박 냈지만 실상 납입이 끝나고 받게 됐던 적금 이자는 통닭 한 마리 값에 불과했습니다. 그러던 중 나라에서 운영하는 청년희망적금이라는 상품이 출시되었고 세 여자친구도 할 정도로 주변에서도 인기가 있는 상품이었죠. 매월 50만 원을 2년 동안 넣어 만기 시에는 원금에 쏠쏠한 이자까지 해서 지금까지 했던 적금에 비해서는 꽤 만족했던 것으로 기억이 납니다.

Q3. 다양한 저축 및 투자 방식이 있는데, 글로벌 금융상품을 선택한 이유는 무엇인가요?

A. 국내에는 나라에서 청년을 대상으로 하는 적금상품 외에는 딱히 메리트 있다고 느껴지는 상품이 없었어요. 청년 대상 상품도 사실 납입기간을 2년, 5년, 10년 등 점점 늘려서 출시하는 추세였고 그에 따른 이율도 제 결혼자금을 모으는 데에는 매우 아쉬운 점이 많았어요. 주식이나 코인 같은 투자를 하기에는 제가 경험도 없었고 괜히 결혼자금까지 잃을까봐 시작조차 하지 못했죠. 또한 결정적으로 결혼 준비를 하다 보면 중간중간 급하게 돈이 필요할 때가 있는데 청년상품들은 원금이 그대로 묶여있다 보니 바로 사용할 수 없어 불편함이 꽤 있었습니다. 그러던 중 담당자님이 제게 월 적립식 달러 저축상품을 소개해주셨고 제가 매달 내면서도 나중에 결혼자금 등 급전이 필요할 때 인출이 가능하단 얘기도 듣게 되었습니다. 또한 그 상품의 이자와 수익은 국내 청년상품들과 비교가 안 되는 정도였기 때문에 더욱더 저에게 메리트로 다가왔습니다.

Q4. 한국에서는 접해보기 힘든 기능과 익숙지 않은 내용들이 많은데 불안하거나 의심이 들진 않으셨나요?

A. 국내 상품에는 없던 기능들과 내가 내는 돈이 바로 달러로 환산되어 저축이 되다 보니 어색함을 상당히 느꼈었습니다. 그래도 담당자님이 공식 사이트를 통해 제 계정으로 로그인해서 실제로 어떻게 운용이 되고 있는지와 내 돈 대비 어느 정도의 수익이 났는지 친절하고 자세하게 알려주셔서

그런 의심은 점점 줄어들게 되었고 이러한 불안과 의심은 제가 급하게 필요했던 결혼자금을 인출하여 직접 돈을 사용하게 되었을 때 완전히 없어지게 되었습니다. 사실 사람 마음이 직접 눈으로 돈이 들어온 게 확인되기 전까진 의심할 수밖에 없는 존재다 보니 그랬던 거 같아요. 담당자님도 이런 제 모습을 이해하고 존중해주셨고요.

Q5. 가입 이후 주변 사람들에게 본인이 하고있는 글로벌 금융상품을 소개해보셨나요? 소개했을 때 주변 사람들의 반응은 어땠나요?

A. 아직까지 소개를 해보진 않았고 저축/투자 얘기가 나왔을 때 아는 분을 통해 이런 글로벌 금융회사의 달러로 운용되는 상품을 이용 중이라고 얘기했었습니다. 그때는 저도 직접 돈을 받아서 사용하기 전이라 자신있게 말하진 못했고 들었던 상대방도 신뢰보다는 의구심과 함께 조심하라는 듯한 뉘앙스로 반응했습니다. 하지만 인출하고 난 뒤부터는 신뢰감과 만족감이 생겨서 앞으로 주변 사람들에게 자신 있게 말할 수 있고 실제로 이렇게 도움이 됐다고 보여줄 수 있는 자료도 있으니 반응 또한 좋을 거라고 확신합니다.

Q6. 현재 수익률은 만족하시나요? 그리고 다른 방법으로 비슷한 수익을 얻어본 경험이 있으신가요?

A. 생각했던 것보다 훨씬 많은 수익이 나서 상당히 만족하고 있습니다. 다른 방법이라고는 말씀드렸던 은행 적금 만기로 인해 치킨 한 마리 정도 사 먹을 수 있을 정도의 이자를 받은 것과 청년희망적금 상품으로 2년 정도 납

입을 마치고 받았던 만기 이자인 약 100~200만 원 정도입니다.

Q7. 아직 이 시장을 모르는 분들에게 한 말씀 해주신다면?

A. 저는 운 좋게 지인을 통해서 알게 됐지만 저 또한 불안과 의심 없이 가입하고 납입했다면 거짓말이라 생각합니다. 그래도 이런 걱정스러운 마음을 없앨 수 있는 상품기능과 높은 수익률이 있기 때문에 아직 이 시장을 모르거나 알지만 주저하고 계신 분들이라면 하루빨리 시작하시길 자신 있게 추천드리고 싶네요.

11. 금융의 미래를 바라보며

글로벌 금융사 컨벤션에서 배운 것

필자가 이 분야에 더 몰입할 수 있게 된 계기는 한 글로벌 금융사에서 개최한 컨벤션 덕분이다. 유독 뜻깊었던 이유는, 이 금융사가 창립 20주년을 맞아 대표적인 금융 선진국에서 컨벤션을 진행했기 때문이다. 전 세계에서 활동하는 약 3~400여 명이 한 곳에 모였다.

필자는 영어에 익숙하지 않아 의사소통에 어려움이 있었지만, 한국어 통역 지원 덕분에 중동, 미국, 유럽, 라틴아메리카, 아시아 등 여러 나라에서 온 분들과 이야기할 기회를 가질 수 있었다. 이를 통해 각 나라의 금융 환경과 상황을 대략적으로나마 알 수 있었던 것은 큰 배움이었다.

관광 시간도 있었지만, 이 컨벤션의 하이라이트는 비즈니스 미팅이었다. 주요 내용을 정리해보면, 첫 번째로, 금융인으로서 전문성을 어떻게 키워갈 것인지, 두 번째로는 저축을 시작해 목적자금과 노후 자금을 준비 중인 고객분들을 전문가로서 어떻게 지원할 것인지, 세 번째로는 기술(Technology)과 인공지능(AI)의 발전 속에서 인간만이 가질 수 있는 차별화된 특성과 유산을 어떻게 활용할 것인지에 대한 논의가 이어졌다. 각 분야의 전문가들과 지역별 패널들의 의견을 나누었고 회사 차원에서 금융인들의 전문성과 마케팅 역량을 키우기 위한 전략들도 함께 공유했다. 매우 유익한 시간이었다.

또한, 유명 미래학자의 강연을 통해 다가올 미래의 6가지 핵심 트렌드에 대해 들었다. 특히 65세 이상 노인 부양인구 비율이 한국이 1위라는 사실과 2, 3위 국가와의 격차가 크다는 것을 알고 큰 충격을 받았다. 저출산과 고령화 문제, 평균수명의 증가, 국민연금 재원 고갈 이슈가 한국 내에서 해결되지 않는 고질적인 문제라는 점을 전 세계 전문가들도 알고 진단하고 있다는 점이 인상적이었다. 이로 인해 지금의 2~30대가 자산 형성과 노후 준비를 지금부터 하지 않으면 미래가 불안정해질 가능성이 크다는 사실을 깨닫게 되었고, 한국에 돌아가서 나의 역할이 무엇일지 다시 정리해보는 계기가 되었다.

에필로그 (마무리하며)

곳간형 자산을 우물형 자산으로

자산에는 두 가지 유형이 있다. 하나는 곡식을 쌓아두는 곳간형 자산으로, 안전하게 축적해두었다가 필요할 때 꺼내 쓰는 방식이다. 안전하지만 시간이 지나도 자산이 불어나지는 않는다.

반면, 우물형 자산은 시간이 걸리더라도 한 번 만들어놓으면 언제든지 물을 길어 쓸 수 있다. 시간이 지나도 물이 계속해서 차오르기 때문에 지속적으로 활용할 수 있는 자산이다. 마치 황금알을 낳는 거위처럼 우물형 자산은 끊임없이 자산을 생성하고 안정적인 수익을 만들어내며 마르지 않는 현금 흐름을 제공한다는 점이 강점이다.

여러분은 어떤 자산을 갖고 싶은가? 대부분 후자를 선택할 것이다. 만약 우물형 자산을 국내에서도 쉽게 구축할 수 있다면 국내에서 하면 된다. 하지만 이 책을 통해 국내에서는 이런 시스템을 만들기 쉽지 않다는 점을 알게 되었을 것이다. 그러나 좌절하긴 이르다. 무형의 자산인 금융상품도 얼마든지 해외직구를 통해 경험할 수 있기 때문이다. 2000년대 후반부터 우리는 의류, 전자기기, 영양제 등 다양한 상품을 아마존, 이베이 같은 플랫폼을 통해 구매해왔다. 인터넷을 통해 해외직구를 하는 이유는 크게 두 가지다. 같은 제품이라면 더 저렴하게 구매(가성비)할 수 있기 때문이거나 같은 가격이라도 제품의 품질(quality)이 더 뛰어나기 때문이다.

이 예시를 금융상품에 그대로 적용해보자. 독특한 안전장치와 보호장치가 있는 글로벌 보험사 혹은 자산운용사에 내 자산을 맡기면 같은 돈을 내더라도 국내 금융상품과는 다른 결과를 만들어낼 수 있다. 곳간형 자산이 아닌, 우물형 자산으로 재탄생하게 되는 것이다.

이 시장을 알게 된 후 필자는 이 좋은 시장을 많은 분들에게 알리고자 노력해왔다. 하지만 그 과정은 쉽지 않았다. 다양한 이유로 거절을 당하기도 했고 많은 시행착오를 겪기도 했다. Private 시장이자 블루오션이라는 특성 때문에 그랬던 것 같다. 이 책을 집필하게 된 것도 그 이유 중 하나다.

부디 바라는 것은 독자 여러분이 이 책을 통해 올바른 판단을 내려 안정적이면서 수익을 낼 수 있는 방법을 찾아 물가상승률을 상회하는 자산을 형성하고 현명한 노후 준비를 할 수 있기를 바란다.

마지막으로 이 책을 집필하는 데 전폭적으로 응원해준 사랑하는 아내와 많은 도움을 주신 이현숙 이사님, 전주성 본부장님께 감사의 마음을 전한다.

한국인의
금융엑시트

1쇄 발행 2025년 1월 28일
4쇄 발행 2025년 8월 30일

지은이 최익진
펴낸이 최현희
펴낸곳 샴북
디자인·인쇄 삼진커뮤니케이션즈

출판등록 2021년 2월 2일 제25100-2021-000009호
주소 서울시 중구 마른내로 10길12, 삼진빌딩 3층
홈페이지 www.samzine.co.kr
이메일 master@samzine.co.kr
전화번호 02-6272-6825

ⓒ 샴북, 2025
ISBN 979-11-94421-04-7

※ 잘못된 책은 구입한 곳에서 교환해드립니다.
※ 가격은 뒷표지에 있습니다.